Hilmar Kormann

Kritisch betrachtet

*Sachtexte
mit Übungen*

Max Hueber Verlag

Das Werk und seine Teile sind urheberrechtlich geschützt. Jede Verwertung in anderen als den gesetzlich zugelassenen Fällen bedarf deshalb der vorherigen schriftlichen Einwilligung des Verlags.

6. 5. 4. | Die letzten Ziffern
1993 92 91 90 89 | bezeichnen Zahl und Jahr des Druckes.
Alle Drucke dieser Auflage können, da unverändert,
nebeneinander benutzt werden.
2. Auflage 1979
© 1977 Max Hueber Verlag, D-8045 Ismaning
Gesamtherstellung: Manz AG, Dillingen
Printed in the Federal Republic of Germany
ISBN 3-19-001294-6

Inhaltsverzeichnis

Vorwort 5

Der Jugendliche und die Schule 7
   Begabt sein heißt lernen können 7
   Betrifft: Pädagogik 10
   Ulrike muß noch warten 13
   Forschungsauftrag für Teenager 15
   Die Leistungsschule 18

Der Jugendliche in Gemeinschaft und Staat 22
   Lehrstellen werden knapp 22
   Lebenslauf 25
   Gruppe oder Familie: was braucht das Kind? 28
   Wer bin ich? 30
   Politik — ist das meine Sache? 32

Die Stellung der Frau in der Gesellschaft 37
   Die Frau — das „andere Wesen"? 37
   Plädoyer gegen die Ehe 39
   Das Mädchen kannst du doch nicht heiraten! 41
   Auswirkungen von Mütterarbeit auf die Kinder 44
   Karrierefrauen in der Politik 46

Die Rolle des Mannes 50
   Rollenumkehrung 50
   Das neue Ideal von Männlichkeit 52
   Was ist der Mann? 54
   Nach einer Biografie befragt 58

Der alternde Mensch 61
   Gebraucht-Menschen 61
   Ruhesitz mit Komfort 63
   Frieden ist die Hölle 65
   Junge Männer helfen alten Menschen 69
   Auch das Altwerden will gelernt sein 72

Kommunikation als zwischenmenschliche Aufgabe 75
   Eine Anzeige der Deutschen Bundespost 76
   Die Schwierigkeit, sich zu verständigen 78
   Am Anfang steht das Wort 81
   Vom Unvermögen der Großstädter, miteinander umzugehen 83

Die Welt der Massenmedien 88
  Das Warten auf den verlorenen Sohn 88
  Der Fernseher als Märchentante? 91
  Leben ohne Zeitungen 94
  „Wir senden Herzlichkeit" 97
  Filmsprache 101

Die Werbung 105
  Die Verführung der Kunden 105
  Werbetexte 109
  Mit Beffchen 113
  Werbung = Geldverschwendung? 116

Flucht aus der Wirklichkeit 120
  Im Sog des Rauschgifts 120
  Tödliche Folgen einer Überdosis Heroin 123
  Ausweg im Alkohol 125
  Die heimlichen Verführer 128

Umweltschutz 132
  Müll — Last des Fortschritts 132
  Die schmutzige Stadt 134
  Das geplante Verkehrschaos 137
  Macht Lärm krank? 140

Freizeitgestaltung 145
  Mehr Freizeit — mehr Langeweile? 145
  Sie wollen unabhängig sein 147
  Eine Hand wäscht die andere 152
  Kampf der Langeweile 155

Vorwort

Die Philologie im allgemeinen und der Sprachunterricht im besonderen haben im Laufe der letzten Jahre ihr Arbeitsfeld zunehmend von der Interpretation von Dichtung auf die Beschäftigung mit Sachtexten ausgedehnt. Wenn man sich vergegenwärtigt, daß sprachliche Kommunikation im Alltag, im Berufsleben, auf der Universität vorwiegend sachbezogene Inhalte hat und daß in den Massenmedien die objektive Information, der diskursive Kommentar vorherrschen, dann läßt sich leicht erkennen, warum auch der fortgeschrittene Unterricht in Deutsch als Fremdsprache sich immer mehr der Arbeit mit Sachtexten zuwendet.

Zu dem hier vorliegenden Lehrbuch wurde der Verfasser angeregt durch seine langjährige Tätigkeit an deutschen Auslandsschulen. Die Texte und Übungen wurden im Deutschunterricht für ausländische Gymnasiasten erprobt. Sie eignen sich zur Unterrichtsarbeit etwa ab Klasse 10 eines Gymnasiums mit ausländischen Schülern, für Studienkollegs und Sprachkurse an Universitäten, für den Fortgeschrittenen-Unterricht an Goethe-Instituten und verwandten Einrichtungen.

Bei der Auswahl der Texte wurden folgende Kriterien beachtet:
1. Sie sind geschrieben in authentischem Deutsch und stammen aus Publikationen unserer Tage.
2. Sie enthalten eine zur kritischen Erörterung herausfordernde Thematik.
3. Sie bieten Sachinformationen von allgemeinem Interesse, die meist auch deutschlandkundlich relevant sind.
4. Sie sollen in besonderem Maße junge Menschen von 15 bis 25 Jahren ansprechen.

Zu elf zeitnahen Themen wurden jeweils vier bis fünf Texte ausgewählt, damit die Komplexität des behandelten Gegenstandes sichtbar wird, vor allem aber damit dem Lernenden von vornherein verschiedenartige Aspekte und Betrachtungsmöglichkeiten zu einem Sachbereich zur Verfügung stehen. Die Textsorten umfassen Abhandlungen, Reportagen, Reden, Interviews, Diskussionen, Briefe, Werbetexte u. a. m.

Da sich in der Unterrichtspraxis eine Textlänge von 250 bis 500 Wörtern als besonders günstig erwiesen hat, mußten die Originaltexte häufig gekürzt werden. Im Hinblick auf die Zielgruppen des Buches wurde gelegentlich ein ausgefallener Ausdruck durch einen geläufigeren ersetzt.
Gleichwohl sollen die Texte auch der Erweiterung des Wortschatzes dienen; da-

her schließt sich jeweils ein Wörterverzeichnis an, in das solche Begriffe aufgenommen worden sind, die der Schüler vielleicht noch nicht kennt, die er aber lernen sollte.

Die Übungen halten den Lernenden dazu an, mit dem Text gedanklich und sprachlich zu arbeiten. Methodisch empfiehlt sich hierbei eine Mischung von schriftlicher und mündlicher Behandlungsweise.

Übung A („Fragen zum Textverständnis") will vor allem die Klärung und Aneignung des Inhalts sicherstellen.

Um das Kernanliegen dieses Buches, daß nämlich die vorgestellten Texte „kritisch betrachtet" werden, geht es in Teil B. Die „weiterführenden Fragen" sollen anregen zur eigenständigen Auseinandersetzung mit dem Gelesenen, zu einem Gespräch, in welchem die verschiedenen, auch gegensätzlichen Betrachtungsmöglichkeiten des jeweiligen Themas erörtert werden. Didaktisch gesehen, wird somit der Wortschatz des Themas gefestigt und das kritische Urteilsvermögen des Lernenden geschult. Er wird zum Vergleich mit Paralleltexten und mit der Situation in seinem Heimatland aufgefordert.

Die Übung C befaßt sich in der Regel mit der Sicherung von neuen Wörtern und Redewendungen aus der Textvorlage. Die Zahlen in Klammern weisen auf die Zeile in der Textvorlage hin, in welcher der gesuchte Ausdruck zu finden ist.

In Übung D schließlich geht es um Grammatik. Ein grammatisches Phänomen, das auch dem Fortgeschrittenen noch Schwierigkeiten macht und das sich anhand der Textvorlage behandeln läßt, wird hier geübt.

Es bleibt dem Lehrer überlassen, ob er jeweils alle oder nur einige der angebotenen Texte behandelt, ob er immer die hier gebotene didaktische Aufbereitung der Texte nutzt oder ob er gelegentlich seinen Schülern andere Aufgaben stellt. Hierfür bieten sich an: Paraphrasen, Inhaltsangaben, Gliederungsübungen, Bedeutungserschließungen aus dem Kontext, Erstellung von Wortfeldern u. a. m. Als pädagogisch fruchtbar hat es sich ferner erwiesen, in einer thematisch definierten Unterrichtsreihe neben drei oder vier Sachtexten auch inhaltlich dazugehörige Übersetzungen und Kurzgeschichten oder Erzählungen einzubeziehen.

Der Jugendliche und die Schule

Text 1

Begabt sein heißt lernen können

Das Lexikon definiert[1] Begabung als „Anlage zu bestimmten Leistungen" (dtv Bd. 2), die sich entweder auf sehr allgemeine Fähigkeiten erstrecken oder in ganz bestimmter Richtung liegen können. Der Ausdruck „Anlage" besagt, daß hier Vererbung im Spiele ist. So verstanden wäre also Begabung die vererbte Anlage für gewisse Leistungen. Wir können aber nicht unmittelbar feststellen, ob ein Mensch eine bestimmte Anlage hat. Aus den besonderen Leistungen eines Erwachsenen, eines Erfinders, Wissenschaftlers, Künstlers oder Sportlers schließen wir auf seine ererbte Veranlagung. In extremen Fällen ist das leicht. Einstein war begabt. Mohammed und Leonardo, Shakespeare, Mozart, Hegel, Bismarck und wohl auch Karl Valentin[2] waren begabt. Uns interessieren hier jedoch nicht die Ausnahmen, sondern uns interessiert der weitaus größere Teil der übrigen Menschen, aus deren durchschnittlichen Verhaltensweisen wir ihre Veranlagung nicht erkennen können, wenngleich es natürlich auch da Unterschiede gibt. Wer die Reifeprüfung mit einem Notendurchschnitt von 1,0 ablegt, wird für begabt erklärt und erhält ein Begabtenstipendium[3]. Wir kennen

Versuchsschule mit einem flexibel unterteilten Großraum

begabte Brückenbauer und Handwerker, begabte Einbrecher und Kriminalisten.
Als Schreiner, Brückenbauer, Taschendieb, Kriminalkommissar und Einserabiturient wird man nicht geboren. Dazu muß man immer etwas gelernt haben.
Auch Goethe hat gelernt und Rembrandt und Bach. Die wissenschaftliche Genetik[4] spricht davon, daß die Anlagen erst durch Lernen näher bestimmt und entwickelt werden. Begabung ist Lernfähigkeit in einem bestimmten Bereich. Wenn eine bestimmte Leistung gezeigt wird, schließen wir ohne weiteres auf eine zugrunde liegende vererbte Anlage: nur machen wir's im umgekehrten Fall genauso und sagen, wenn eine bestimmte Leistung nicht gezeigt wird: da fehlt eben die Begabung. Das ist jedoch völlig unberechtigt; denn wenn eine erkennbare Leistung nicht vorliegt, kann ebensogut die entsprechende Lernanregung gefehlt haben. Ein Leistungsverhalten wurde nicht entwickelt, und niemand kann wissen, ob entsprechende Anlagen vorhanden sind oder nicht. Das Urteil, ein Mensch sei wenig oder einseitig oder nicht begabt, gewinnt erst im Laufe des zweiten und dritten Lebensjahrzehntes eine gewisse Berechtigung: dann nämlich, wenn vielerlei Lernanregungen gegeben worden sind und vielerlei Lebenserfahrungen möglich waren.
Deshalb muß die Schule versuchen, die Leistungsauslese hinauszuschieben und von Anfang an vielfältige Lernanregungen zu geben. Das Problem sind dabei nicht die guten Schüler, Gedanken muß man sich darüber machen, daß viele Schüler das Gymnasium vorzeitig verlassen. Es ist mehr als die Hälfte. Natürlich liegen die Gründe dafür nicht nur in der Begabung. Und Sorgen bereiten auch diejenigen, die von vornherein abgewiesen werden, beim Schuleintritt oder beim angestrebten Übertritt in weiterführende Schulen[5]. Wer eine Lernmöglichkeit erst gar nicht bekommt, kann nicht beweisen, daß er und wieviel er zu lernen vermag. Die Tatsache, daß er bis dahin nichts Besonderes geleistet hat, kann auch bedeuten, daß ausreichende Lernmöglichkeiten nicht zur Verfügung standen. Man muß viele Chancen, man muß alle Chancen für die Anregung und Förderung genutzt haben, ehe man einem Kind, einem jungen Menschen weitgehende Lernfähigkeit abspricht[6] und feststellt, daß vererbte Anlagen für eine bestimmte Leistung offensichtlich fehlen.
(aus: Hans Schiefele, *Schule und Begabung*)

Wörterverzeichnis

[1] definieren — die Bedeutung eines Wortes angeben
[2] Karl Valentin — Münchner Komiker (1882–1948)
[3] s Stipendium, -s, -ien — Geldbeihilfe für Schüler und Studenten
[4] e Genetik, o.pl. — die Wissenschaft von der Vererbung

⁵ e weiterführende Schule   z. B. das Gymnasium
⁶ jmdm. eine Fähigkeit   behaupten, daß jemand eine Fähigkeit nicht hat
  absprechen

A. Fragen zum Textverständnis

1. Welche Definitionen des Begriffs „Begabung" enthält der Text?
2. Warum ist es bei Genies leicht, eine Begabung festzustellen, bei einem Durchschnittsmenschen dagegen nicht?
3. Ist es berechtigt, von fehlender Leistung auf fehlende Begabung zu schließen?
4. Unter welchen Umständen kann man geringe oder mangelnde Begabung feststellen?
5. Welche Schlußfolgerungen sollte die Schule aus der obigen Analyse ziehen?

B. Weiterführende Fragen

1. Scheint Ihnen die These des Verfassers, daß die (höhere) Schule versuchen müsse, „die Leistungsauslese hinauszuschieben", in allen Teilen schlüssig zu sein?
2. Welche Konsequenzen würden sich für die Gesellschaft im allgemeinen und für die Schule im besonderen ergeben, wenn man alle jungen Menschen möglichst lange auf die Schule schicken würde?
3. Gibt es auch außerhalb der Schule Möglichkeiten, Begabungen zu entwickeln?
4. Stimmen Sie der Meinung des Autors zu, daß es allgemein erstrebenswert ist, wenn jeder Mensch eine möglichst große Leistung zeigt?

C. Drücken Sie den Inhalt der folgenden Sätze mit Worten aus dem Text aus.

1. Bei seinen Erfolgen im Beruf war auch eine Menge Glück *dabei.* (4)
2. Aus seinem verdächtigen Verhalten *ergibt sich für mich,* daß er in die Straftat verwickelt ist. (8)
3. Niemand *kommt* als Genie *auf die Welt.* (19)
4. Ich glaube dir, *ohne zu zögern.* (23)
5. Es ist möglich, daß *sich* deine Ansichten über diesen Menschen im Laufe der Jahre *als einigermaßen zutreffend erweisen.* (30f)
6. Hast du über deinen künftigen Beruf schon *nachgedacht?* (36)

D. Verwandeln Sie Nominalausdrücke in Nebensätze mit „daß".

Beispiel: Die Genetik spricht von der Entwicklung der Anlagen durch Lernen.
Lösung: Die Genetik spricht davon, daß die Anlagen durch Lernen entwickelt werden.

1. Man muß sich über den vorzeitigen Abgang vieler Gymnasiasten Gedanken machen.
2. Wer eine Lernmöglichkeit erst gar nicht bekommt, kann sein Lernvermögen nicht beweisen.
3. Das Fehlen besonderer Leistungen kann durch das Fehlen ausreichender Lernmöglichkeiten hervorgerufen sein.
4. Der Lehrer stellte die vorzügliche musikalische Begabung der Schülerin fest.
5. Leider werden immer noch Urteile über Begabungsmängel ohne Berücksichtigung der vorausgegangenen Lernmöglichkeiten abgegeben.

Text 2

Betrifft: Pädagogik

Sehr geehrte Eltern der Klasse 7c!

Gestatten Sie, daß wir uns per Rundschreiben für die uns dargebrachten Ovationen[1] herzlich bedanken! Vor allem der eindrucksvolle Fackelzug[2] vor unserer Wohnung anläßlich der Eins unseres Sohnes Klaus-Alexander in Mathe bei einem Notendurchschnitt von 4,3 hat uns innerlich angerührt. Seien Sie versichert von der Absicht unseres Sohnes, Sie und Ihre Familien nach Abitur und abgeschlossener Medizinausbildung als niedergelassener praktischer Kassenarzt[3] bevorzugt zu behandeln!

Gleichzeitig möchten wir, um telefonische Anfragen zu jeder Tageszeit etwas zu drosseln, hier auf allgemeinen Wunsch das Geheimnis etwas lüften, das sich um die schulischen Hochleistungen unseres Sohnes und Klassenbesten bisher gerankt[4] hat. Es ist dies sein unermüdlicher, zum Teil auch nachgeholfener Fleiß unter weitgehendem Verzicht auf alles, was andere heranwachsende frisch-fromm-allzufrei als ihre sogenannte sorgenlose Jugend praktizieren. Radfahren, auch mit Loslassen der Lenkstange, hilft nicht bei der Bioarbeit! Mit perfektem Ballspiel schreibt man keinen Deutschaufsatz, der dem Direktor eingereicht wird, und französische Vokabeln lernen sich nicht während eines lärmenden Geländespiels durch die Büsche des Stadtparks!

Eine Pubertät[5] findet, obwohl ihn die Mädchen bedrängen, bei unserem Klaus-Alexander nicht statt, es sei denn, sie tauchte demnächst im Lehrplan auf! Auch

halten wir nichts von Dauerdiskussionen über die angeblich nötige Verbesserung unserer Gesellschaft, die alle doch nur einen Tenor[6] haben: daß dem Untüchtigen die Welt gehören soll! Das ist entschieden nicht unser Bier[7]!
In diesem Zusammenhang möchten wir auch auf sehr vereinzelte Stimmen seitab vom allgemeinen Chor der Bewunderer eingehen, die unserem Sohn mangelnde Kameradschaft vorwerfen. In einer Gesellschaft, wo der Mensch des Menschen Wolf, sprich: Erzkonkurrent[8], ist, führt ein Abschreibenlassen nur zu einer unverantwortlichen Leistungsverfälschung. Und so tut unser Klaus-Alexander recht daran, wenn er sich durch Aufbau von Büchern, Petzen[9] oder Vorhalten der Hand gegen Feindeinsicht schützt! Gemeinschaftssinn mag eine schöne Illusion sein, doch trägt im obwaltenden Schulsystem allemal der um Punkte ringende Einzelkämpfer den Sieg davon.
Den unglücklichen Eltern leistungsschwacher Schüler können wir nur inständig raten, mit ihren Söhnen oder Töchtern den strikten[10] Leistungspfad zu beschreiten. Ohne Fleiß kein Noten-Preis! Nervöse Störungen durch Überarbeitung lassen sich später immer noch beseitigen, was wir auch für unseren Sohn hoffen, der in Abständen von 14 Sekunden einmal quer über die Wange zuckt. Zwanzigtausend Mark Einkommen im Monat werden ihn und seine Mitwelt über solche kleinen ästhetischen Unebenheiten leicht hinwegtrösten.

Mit stolzen Grüßen
und leistungsbezogener Empfehlung
die Eltern
Hanna-Heidi und Ernst-Otto Lüsewitz

(von: Bernhard Katsch, *Betrifft: Pädagogik*)

Karikatur:
Hellmessen

Wörterverzeichnis

1. e Ovation, -en — Beifall, begeisterte Zustimmung
2. e Fackel, -n — Stab mit einer brennbaren Schicht am oberen Ende
3. r niedergelassene praktische Kassenarzt — ein Arzt für Allgemeinmedizin, der eine Praxis eröffnet hat und Patienten behandelt, für die die gesetzliche Krankenversicherung bezahlt
4. sich ranken — sich herumschlingen, umgeben
5. e Pubertät, o.pl. — Zeit der Geschlechtsreife
6. r Tenor, -s, o.pl. — Sinn, Inhaltskern
7. das ist nicht mein Bier (ugs.) — das ist nicht meine Angelegenheit, das betrifft mich nicht
8. r Erzkonkurrent, -en, -en — hauptsächlicher Mitbewerber, geschäftlicher Gegner
9. petzen (ugs.) — dem Lehrer verraten, daß ein Mitschüler etwas gegen die Schulordnung begangen hat
10. strikt — streng, sehr genau

A. Fragen zum Textverständnis

1. Ist dieses „Rundschreiben" wirklich verschickt worden? Ist es wörtlich zu verstehen? Um welche Stilform handelt es sich?
2. Warum wurden dem Ehepaar Lüsewitz angeblich so große Ehrungen dargebracht?
3. Welches Berufsziel strebt Klaus-Alexander Lüsewitz an?
4. Worauf hat er verzichten müssen, um gute Noten zu bekommen?
5. Wie verhält er sich zu seinen Mitschülern?
6. Was muß, den Eltern Lüsewitz zufolge, ein Schüler tun, der gute Noten bekommen will?
7. Welches Bild von der Gesellschaft haben die Lüsewitz'?
8. Wogegen polemisiert dieser Text?

B. Weiterführende Fragen

1. Halten Sie die Gesellschaftsanalyse der Lüsewitz' für zutreffend?
2. Halten Sie das Verhalten von Klaus-Alexander für zweckmäßig?
3. Welche sinnvolleren pädagogischen Leitlinien ließen sich finden?

C. Drücken Sie den Inhalt der folgenden Sätze mit Worten aus dem Text aus.

1. Die Eltern der Klasse 7c *spendeten* der Familie Lüsewitz *begeisterten Beifall.* (2)

2. Es ist nötig, den Zustrom zu den Hochschulen zu *beschränken*. (10)
3. Er strebte entschlossen seinem Ziel zu, *indem er allen Vergnügungen entsagte*. (Nominalphrase!) (13)
4. Unerwartet wurde Rechtskunde in den Lehrplan *aufgenommen*. (20)
5. Unser Sohn *handelt richtig*, wenn er sich jetzt anstrengt. (28 f)
6. Durch *übertriebenes Arbeiten* kann man nervöse Störungen bekommen. (35)

D. Ergänzen Sie die fehlenden Präpositionen, ggf. mit Artikel.

1. Der Direktor wandte sich ..... Rundschreiben an alle Eltern.
2. Die Eltern veranstalteten ..... Mathematik-Eins von Klaus-Alexander einen Fackelzug.
3. Die Mitschüler riefen ..... jeder Tageszeit an.
4. Die Versammlung wurde ..... allgemeinen Wunsch einberufen.
5. Ich halte nichts ..... Diskussion ..... dieses Thema.
6. Der Lehrer ging ..... die Fragen seiner Schüler sofort ein.
7. Die Wettkämpfer ringen ..... Sieg.

Text 3

Ulrike muß noch warten

Am 4. September 1972 schaffte Ulrike Meyfarth bei den Olympischen Spielen in München 1,92 Meter im Hochsprung. Die sechzehnjährige Schülerin wurde damit Olympiasiegerin. Ulrike war die Beste, doch leider nicht in der Schule. Ulrike will Sportlehrerin werden. Aber den Sprung auf die Sporthochschule hat sie noch nicht geschafft. Bis vor wenigen Jahren konnte in der Bundesrepublik Deutschland jeder, der nach 13 Schuljahren als Abschlußprüfung sein Abitur machte, auf die Universität gehen und sein Studienfach frei wählen. Das ist heute leider anders. Es gibt zwar viel mehr Studienplätze als früher, aber es gibt noch mehr junge Menschen mit Abitur. Darum entscheiden die Abiturnoten (1 = sehr gut, 2 = gut usw., bis 6 = ungenügend), wer was studieren darf oder ob man warten muß. Ulrike hat nur einen Durchschnitt von 3,2. Und das war für den ersten Anlauf nicht genug. So wurde die Goldmedaillengewinnerin[1] von München in ihrer Heimat Köln nicht zum Studium an der Sporthochschule zugelassen.
Viele wollten es nicht glauben. War das der Dank des Vaterlandes? Doch Ulrike, inzwischen fast zwanzig Jahre alt, gibt nicht auf. Sie weiß, daß sie ein Star ist, aber sie sagt: „Ich will nicht bevorzugt werden, wenn es darum geht, mit vie-

len tausend anderen um einen Studienplatz zu kämpfen. Da gelten nun einmal die Abiturnoten. Ich hätte ja für bessere Noten büffeln[2] können, aber dann wäre der Sport zu kurz gekommen. Ohne hartes Training bringt man es zu nichts." Man hat Ulrike andere Studienplätze angeboten: In München und New York. Aber die Sportlerin fühlt sich eben zu Hause am wohlsten.
So hofft sie nun, in diesem Jahr einen Studienplatz in Köln zu bekommen und dann diplomierte Sportlehrerin zu werden. Inzwischen ist sie Gasthörerin[3] in Physiologie[4] und Anatomie[5]. Außerdem trainiert sie ständig. Ulrike: „Ich stecke mitten im harten Wintertraining. Andere sind da schlechter dran. Die sitzen da und warten auf einen Studienplatz." Ulrike Meyfarth versteht zwar, daß sich die Zulassungsstelle[6] an „demokratische Spielregeln" halten muß. Sie sagt aber auch: „Man sollte sich überlegen, ob man für Leute, die für nationales Prestige[7] sorgen, nicht mehr tun müßte."
(aus: *Scala-Jugendmagazin,* Januar 1976)

Wörterverzeichnis

[1] e Medaille, -n (spr. med*a*lje)	Auszeichnung (Plakette) für eine sportliche Leistung
[2] büffeln (ugs.)	für die Schule lernen
[3] e Gasthörerin, -nen	eine Frau, die Universitätsvorlesungen besucht, ohne ordentliche Studentin zu sein
[4] e Physiologie, o.pl.	Wissenschaft von den Funktionen des menschlichen Körpers
[5] e Anatomie, o.pl.	Wissenschaft von der Struktur des menschlichen Körpers
[6] e Zulassungsstelle, -n	hier: ein Amt (in Dortmund), das aufgrund der Abiturnoten, der Wartezeiten und anderer Kriterien die Studienplätze verteilt
[7] s Prestige, -s, o.pl.	Ansehen, guter Ruf

A. Fragen zum Textverständnis

1. Wodurch wurde Ulrike Meyfarth 1972 bekannt?
2. Warum wurde sie zunächst zum Studium an der Kölner Sporthochschule nicht zugelassen? (Anm.: seit 1977 ist sie ordentliche Sportstudentin)
3. Welche Situation bestimmt die Hochschulzulassung in Deutschland?
4. Warum hat wohl die deutsche Öffentlichkeit die Abweisung Ulrike Meyfarths als ungerecht empfunden?
5. Inwiefern gewinnt Ulrike ihrer Situation doch noch das Beste ab?

B. Weiterführende Fragen

1. Glauben Sie, daß Ulrike Meyfarth gerecht behandelt wurde?
2. Nehmen Sie zum letzten Satz des Textes Stellung (es geht um den Sinn des Spitzensportes).
3. Wie ist in Ihrem Heimatland die Hochschulzulassung geregelt?
4. Wie könnte man dieses Problem am besten lösen?

C. Ergänzen Sie folgende Sätze mit Wörtern aus dem Text.

1. Ulrike hat den Sprung an die Hochschule noch nicht . . . . .
2. Die Goldmedaillengewinnerin wurde nicht zum Studium . . . . .
3. Sie will beim Kampf um die Studienplätze nicht vor anderen . . . . . werden.
4. Wenn sie mehr gebüffelt hätte, dann wäre der Sport bei ihr . . . . .
5. Die nur dasitzen und warten sind schlechter . . . . . als Ulrike.
6. Jeder gute Sportler muß sich an die geltenden Spielregeln . . . . .

D. Verwandeln Sie die direkte in die indirekte Rede.

1. Ulrike sagte: „Ich will nicht bevorzugt werden, wenn es darum geht, mit vielen tausend anderen um einen Studienplatz zu kämpfen. Da gelten nun einmal die Abiturnoten."
2. Sie fuhr fort: „Ich hätte ja für bessere Noten büffeln können, aber dann wäre der Sport zu kurz gekommen. Ohne hartes Training bringt man es zu nichts."
3. Ulrike berichtete: „Ich stecke gerade im harten Wintertraining. Andere sind da schlechter dran. Die sitzen da und warten auf einen Studienplatz."
4. Sie äußerte zu dem Reporter: „Ich verstehe zwar, daß sich die Zulassungsstelle an demokratische Spielregeln halten muß. Aber man sollte sich überlegen, ob man für Leute, die für nationales Prestige sorgen, nicht mehr tun müßte."

Text 4

Forschungsauftrag für Teenager[1]

Sie sind neunzehn Jahre alt und gerade mit dem Abitur fertig. Zwei junge Leute wie du und ich. Keine Stubenhocker[2]. Hartmut Wynen und Reinhard Hausmann sind Teens in Jeans. Sie haben die Zukunft noch vor sich und genießen die Gegenwart in der Diskothek um die Ecke. Wie andere ihres Alters auch. Und

doch unterscheiden sich Hartmut und Reinhard aus Opladen am Rhein von ihren Freunden.
Kaum der Schulbank entwachsen, gelten sie schon als junge Wissenschaftler. Sie entwickeln Computer-Programme. Das Bundesministerium für Bildung und Wissenschaft in Bonn hat an die beiden einen Forschungsauftrag vergeben. Mit einer Summe von fast 70 000 Mark sollen sie ein Computer-Programm für die Anwendung in der Schulverwaltung entwickeln. Die wissenschaftlichen Versuche dazu machen die zwei am Computer ihres Gymnasiums.
Das klingt phantastisch. Aber für Hartmut und Reinhard ist die Arbeit am Computer die natürlichste Sache der Welt. Und das kam so: Informatik, die Lehre von der Informations-Verarbeitung, ist Lehrfach an dieser Schule wie an einigen anderen Schulen auch. Die Schüler von heute werden morgen Computer bedienen und selbst entwickeln. Also lernen sie es schon heute. In der Schule. Den Schülern Hartmut und Reinhard ließ „das Ding", wie sie den Computer nennen, keinen Ruhe. Man konnte damit alle möglichen Problemstellungen überprüfen. Na, gut. Aber da mußte mehr „drin" sein. Sie begannen, angeregt durch Aufgabenstellungen ihres Lehrers, auf der „Tastatur" des Elektronenrechners zu spielen. Das machte Spaß. Ihr Spiel wurde immer besser. Und dann kam die zündende Idee. Im 11., 12. und 13. Schuljahr vieler Gymnasien in der Bundesrepublik Deutschland geht es zu wie auf der Universität: Die Schüler belegen Fächer eigener Wahl, wobei bestimmte Regeln zu beachten sind.
Das alles zusammenzusuchen, was man in dieser sogenannten Reformierten Oberstufe bis zum Abitur braucht, ist eine Wissenschaft für sich. Der Lehrer stellte im Informatik-Unterricht die Aufgabe, die für die Schüler möglichen Fächerkombinationen[3] zu ermitteln. Dazu sollte ein Programm entwickelt werden, das diese Aufgabe dem Computer stellen konnte. Eine Reihe von Schülern stürzte sich auf diese Arbeit. Übrig blieben Hartmut und Reinhard. Mitten in ihre Arbeit hinein kam der Wettbewerb „Jugend forscht". Er wird in jedem Jahr von der deutschen Illustrierten „Stern" in Zusammenarbeit mit der Industrie ausgeschrieben[4]. Sie wurden in ihrer Disziplin[5] „Mathematik/Informatik" Bundessieger und gewannen Geldpreise und eine Reise nach Mexiko.
Im Ministerium für Wissenschaft und Bildung hielt man von der Leistung der beiden Oberprimaner[6] so viel, daß man ihnen den Forschungsauftrag gab. Hartmut und Reinhard werden also Programme entwickeln, die den Verwaltungskram[7] an vielen Gymnasien in der Bundesrepublik Deutschland vereinfachen sollen. Hartmut Wynen studiert inzwischen Physik in Köln. Reinhard Hausmann wird erst zum Militär gehen und dann – „ich weiß noch nicht so recht". Bestimmt wird er sich auch in Zukunft mit den Naturwissenschaften beschäftigen. Jetzt haben die beiden in ihrer Freizeit erst einmal alle Hände voll zu

tun, um die ihnen vom Staat gestellte Forschungsaufgabe zu lösen. Teens in 45
Jeans – der Staat weiß, daß wissenschaftliche Arbeit nicht nur von Professoren
geleistet werden kann.

(von: Karin Vetter. – aus: *Scala-Jugendmagazin*, März 1976)

Wörterverzeichnis

[1] r Teenager, -s, -   Jugendlicher zwischen 13 und 19 Jahren
[2] r Stubenhocker, -s, -   jmd., der wenig an die frische Luft geht
[3] e Kombination, -en   Zusammenstellung
[4] ausschreiben   bekanntgeben und dadurch zur Beteiligung auffordern
[5] e Disziplin, -en   hier: Fachgebiet, Wissenschaftszweig
[6] r Oberprimaner, -s, -   Schüler der obersten Gymnasialklasse
[7] r Verwaltungskram, -s, o.pl. (ugs.)   (abwertend für:) Verwaltungsbetrieb

A. Fragen zum Textverständnis

1. Was haben Hartmut und Reinhard mit anderen Jugendlichen gemeinsam?
2. Worin unterscheiden sie sich von ihren Freunden?
3. Warum ist Informatik ein Schulfach?
4. Welche Aufgabe hatten sie in diesem Unterricht zu lösen?
5. An welchem Wettbewerb nahmen sie teil, mit welchem Ergebnis?
6. Welchen Forschungsauftrag haben sie bekommen?

B. Weiterführende Fragen

1. Was halten Sie von der Einführung neuer Unterrichtsfächer, wie z. B. Informatik, in den Lehrplan der Gymnasien?
2. Wäre die Einführung der „Reformierten Oberstufe" auch an den Gymnasien Ihres Landes zweckmäßig?
3. Der Wettbewerb „Jugend forscht" – ein Reklametrick oder eine begrüßenswerte Initiative?

C. Drücken Sie den Inhalt der folgenden Sätze mit Worten aus dem Text aus.

1. Hartmut und Reinhard *sind anders als* ihre Freunde. (5)
2. Das Wissenschaftsministerium hat *beiden* einen Forschungsauftrag *gegeben*. (9)

3. Die Studenten *entscheiden sich nach eigenem Ermessen für* bestimmte Vorlesungen. (25)
4. Der Professor *gab* seinen Studenten eine komplizierte Aufgabe. (29)
5. Beide *sind voll damit beschäftigt*, das schwierige Problem zu lösen. (44)

D. Bilden Sie vollständige Sätze zu den angegebenen Schlagzeilen.

Beispiel: Forschungsauftrag für Teenager
Lösung: Die Regierung hat an zwei Teenager einen Forschungsauftrag vergeben.
1. Die gymnasiale Oberstufe im Umbruch
2. Informatik am Gymnasium
3. Verwaltungsvereinfachung durch Computer
4. Teenager als Computerexperten
5. „Jugend forscht" – Preisträger nach Mexiko
6. Bestickte Hemden – Mitbringsel aus Mexiko

Text 5

Die Leistungsschule

Eltern, Lehrer und Vorgesetzte sind ratlos vor der Tatsache, daß die Lebensziele, in denen sie selber Leistungsansporn[1] und bei entsprechendem Erfolg auch Befriedigung fanden, den Jungen gleichgültig, wenn nicht gar verächtlich sind. Doch andere, den heutigen und morgigen Verhältnissen gemäßere Ziele und
5 Ideale als „Wohlstand durch Leistung", andere Wege zu Lebenssinn und Selbstverwirklichung vermögen sie gewöhnlich nicht aufzuzeigen.
Auf der einen Seite werden die Jungen verwöhnt, indem man ihnen weder emotionale[2] noch körperliche Anstrengung zumutet. Sie brauchen sich mit der elterlichen Autorität nicht auseinanderzusetzen, weil diese so verfemt[3] ist, daß
10 Eltern einen ernsthaften Widerstand gegen die Launen ihrer Kinder kaum mehr wagen und die Selbständigkeit nicht mehr in langsam zähem Ringen erkämpft werden muß. Motoren treiben ihr Fahrrad, Motoren befördern sie auf den Berg hinauf, Motoren bewegen auf dem See ihr Boot. Schulhäuser und Universitäten, Jugendzentren und Schwimmbäder eifern dem Traumluxus von
15 Hollywood nach, und so wird die Einstellung des Massensnobs gezüchtet, der sich mit gelangweilter Blasiertheit[4] gefallen läßt, daß die Älteren „etwas für die Jugend tun". Auf der anderen Seite wird von der Schule mehr denn je verlangt, daß sie die Jugendlichen zur Tüchtigkeit erziehe und auf den Wettbewerb der Leistungsgesellschaft vorbereite. Selbst in Amerika, wo im Vergleich zu

Europa früher praktische Erziehung zum Leben als Staatsbürger in der Gemeinschaft mehr Geltung besaß, ist heute nach einer allgemeinen Aufwertung der Wissenschaft der Intellekt[5] unbestrittener Herrscher des Schulsystems. Das Motto, so selbstverständlich, daß es kaum formuliert[6] wird, heißt: Wissen ist Voraussetzung zur Leistung in der heutigen Industriegesellschaft, Leistung Bedingung zur Karriere, Karriere bedeutet Prestige, Konsum, Selbstwertgefühl.

Täglich sind Hunderttausende damit beschäftigt, die Summe des Wissens zu vergrößern. Nahezu niemand arbeitet daran, überflüssiges und überholtes Wissen auszuscheiden. So nimmt die Summe der Ansprüche von der Spitze der Wissens-Pyramide her zu, wo in Forschung von Wissenschaft und Wirtschaft die Fachexperten herrschen, die jede Einzelheit ihres Wissens für unentbehrlich wichtig halten. Sie geben ihre gesteigerten Forderungen weiter an die Hochschulen, die ihrerseits von den Abiturienten mehr verlangen, um ihr Pensum[7] bewältigen zu können, und so geht das die Altersschichtung hinunter bis zu den Vorschulen.

Da gleichzeitig die Schüler, außerhalb der Schule von einer Überfülle flüchtiger Reize und unverdauter Erlebnisse beansprucht, nach dem übereinstimmenden Urteil aller Lehrer in ihrer Konzentrationsfähigkeit nachlassen, wird der Leistungsdruck, hinter dem die Drohung der Prüfung steht, nur um so unbarmherziger — was aber durchaus nicht immer zur Steigerung der Qualität führt.

(aus: Lorenz Stucki, *Lob der schöpferischen Faulheit*)

Wörterverzeichnis

1 r Ansporn, -s, o.pl.   Antrieb, Anreiz, Motivierung
2 emotional   gefühlsmäßig
3 verfemen   ächten, scharf verurteilen
4 e Blasiertheit, o.pl.   Hochmut, Überheblichkeit
5 r Intellekt, -s, o.pl. Verstand
6 formulieren   in Worte fassen
7 s Pensum, -s, Pensen   Lehrstoff

A. Fragen zum Textverständnis

1. Welche Lebensziele, die den älteren Generationen noch etwas bedeuten, sind für die moderne Jugend nicht mehr attraktiv?
2. Nach welchen Zielen richten sich die heutigen Jugendlichen und unser Schulsystem?
3. Inwiefern ist das Leben der Jungen und Mädchen in unserer Zeit leichter als früher?
4. Inwiefern fordert die Schule heute mehr denn je?
5. Welche Gründe gibt es dafür?
6. Wodurch wird der Leistungsdruck — neben den direkten Forderungen der Schule — noch verschärft?

B. Weiterführende Fragen

1. Welche Lebensziele — außer „Wohlstand durch Leistung" — könnten die heutigen Jugendlichen anstreben?
2. Welche Leitlinien — außer der intellektuellen Schulung — sollten an unseren Gymnasien bestimmend sein?
3. Wie kann man der ständigen Vermehrung des Wissensstoffes sinnvoll begegnen?

C. Setzen Sie zu den (aus dem Text gewählten) Substantiven das idiomatisch dazugehörige Verb ein.

1. Der Wissenschaftler . . . . . Befriedigung in seiner Forschungsarbeit. (3)
2. Der Lehrer bemühte sich, seinen Schülern erstrebenswerte Ideale . . . . . (6)

3. Welcher Arbeitgeber wagt es, seinen Lehrlingen heute noch große Anstrengungen . . . . . ? (8)
4. Die Erziehungsideale Humboldts . . . . . heute keine Geltung mehr. (21)
5. Von den Spezialwissenschaftlern wird jede Einzelheit ihres Wissens für unentbehrlich . . . . . (32)
6. Ob die Zeit reicht, daß wir das ganze Pensum noch . . . . . ? (34)

D. Verwandeln Sie die unterstrichene Nominalphrase in einen Nebensatz (mit den Konjunktionen: als, da, damit, obwohl, während, wenn).

Beispiel: Durch die Erfüllung all ihrer Wünsche werden die Kinder verwöhnt.
Lösung: Die Kinder werden verwöhnt, da all ihre Wünsche erfüllt werden.

1. *Dank der Großzügigkeit seiner Eltern* könnte er an verschiedenen Universitäten studieren.
2. *Trotz der gründlichen Reformen unseres Schulsystems* wird der Leistungsdruck in unseren Gymnasien immer stärker.
3. Wissen ist Voraussetzung *zur Bewältigung der heutigen Leistungsanforderungen.*
4. *Bei weiterer Zunahme des Wissensstoffes* wird es zu einer noch stärkeren Spezialisierung kommen.
5. *In der Jugend unserer Großeltern* gab es noch weniger eine Chancengleichheit.
6. Die Wissensanforderungen an den Gymnasien erhöhen sich *bei gleichzeitigem Sinken der Studienchancen.*

Der Jugendliche in Gemeinschaft und Staat

Text 1

Lehrstellen werden knapp

Immer dringlicher wird die Reform der beruflichen Bildung in der Bundesrepublik Deutschland, seitdem immer mehr Jugendliche Schwierigkeiten haben, eine entsprechende Lehrstelle zu finden.
Jörg verließ 1973 mit 15 Jahren die Hauptschule. Seine Zeugnisse waren gut.
5 Berufswunsch: Elektro-Techniker. Jörg und sein Vater versuchten, in der näheren Umgebung Kölns eine Lehrstelle für Jörg zu finden. Doch trotz guter Schulleistungen bekam Jörg lauter Absagen. Auch das Arbeitsamt konnte Jörg nicht weiterhelfen. Lehrstellen würden knapp, hieß es, und im Bereich Elektrotechnik sei die Situation besonders angespannt. Man riet Jörg, zunächst einmal
10 von einer Möglichkeit Gebrauch zu machen, die es erst seit kurzem gibt: nämlich das sogenannte Berufsgrundbildungsjahr zu besuchen, das – laut Gesetz – später voll auf die Lehrzeit angerechnet würde.
Dank seiner guten Zeugnisse wurde Jörg in das Berufsgrundschuljahr an einer Berufsschule für Elektronik und Elektrotechnik aufgenommen. Auch während
15 dieses Schuljahres versuchten seine Eltern und er vergeblich weiter, eine Lehrstelle für ihn zu finden. Kein Betrieb war bereit, Jörgs Berufsgrundschuljahr voll auf die Ausbildungszeit anzurechnen und ihn unter diesen Bedingungen einzustellen – wie es laut Gesetz eigentlich hätte geschehen müssen. Schließlich entschloß sich Jörg, auf die Anrechnung seines zusätzlichen Schuljahres – in dem
20 er allerhand gelernt hatte – zu verzichten. Doch wieder war keiner der von ihm angeschriebenen Betriebe bereit, ihm eine Ausbildung zu geben. Den Grund dafür glaubt Jörg zu wissen: Die Betriebe wollen sein Berufsgrundbildungsjahr nicht anrechnen, sie wollen aber auch nicht gegen das Gesetz verstoßen. Ihr Ausweg: Jörg wird nicht eingestellt. Bewerber für eine freiwerdende Lehrstelle
25 gibt es genug.
Inzwischen hat Jörg doch noch einen Lehrvertrag bei einer Firma unterschrieben. Der Haken bei der Sache: Er kann keinen elektrotechnischen Beruf erlernen, weil hierfür das Berufsgrundbildungsjahr angerechnet werden müßte. Jörg beginnt nun eine dreieinhalbjährige Lehre als Werkzeugmacher. Auf Umwegen
30 will er später versuchen, sein eigentliches Berufsziel zu erreichen. Ein verlorenes Jahr – vielleicht viele verlorene Jahre?

Jörgs Fall ist vielleicht besonders kraß[1] – aber er ist kein Einzelfall. Lehrstellen für schulentlassene Jugendliche werden immer knapper. Die Gründe für diesen Lehrstellenschwund[2] liegen unter anderem in der Reaktion der Ausbildungsbetriebe auf die Reformpläne der Bundesregierung. Neue, anspruchsvollere Ausbildungsordnungen erfordern finanzielle Investitionen[3] der Betriebe. Die Betriebe befürchten, daß ihnen Einfluß verlorengeht, wenn die Berufsausbildung immer mehr dem Staat übertragen wird.
Verschärft wird die Situation noch durch den Numerus clausus[4] an den Hochschulen. Immer mehr Abiturienten, die keinen Studienplatz bekommen, interessieren sich für Ausbildungsstellen, die bisher von Realschülern belegt wurden.
Es kann auf die Dauer auch keine Lösung sein, mit öffentlichen Geldern zusätz-

liche Lehrgänge zu finanzieren, solange die private Wirtschaft noch das Ausbildungsmonopol im betrieblichen Bereich gesetzlich innehat. Auf jeden Fall sollte man die Betriebe daran erinnern, daß sie nicht nur ein Recht, sondern auch eine Pflicht zur Ausbildung haben.

(von: Brigitte Hartmann-Beutel. − aus: *Scala-Jugendmagazin,* November 1974)

Wörterverzeichnis

[1] kraß   extrem, ausgeprägt, auffallend
[2] r Schwund, -es, o.pl.   Rückgang, Geringerwerden
[3] e Investition, -en   Anlage von Geld in Sachwerten
[4] r Numerus clausus   Beschränkung der Zulassung zum Studium

A. Fragen zum Textverständnis

1. Warum wird das Problem der Berufsausbildung in Handwerk und Industrie immer dringlicher?
2. Warum bekommt Jörg bei seinen ersten Bemühungen keine Lehrstelle?
3. Welche gesetzlich gebotene Möglichkeit nimmt er daraufhin wahr?
4. Warum nehmen ihn die Betriebe nicht, nachdem er das Grundschuljahr für Elektrotechnik absolviert hat?
5. Warum nehmen sie ihn auch nicht, nachdem er auf die Anrechnung dieses Berufsbildungsjahres verzichtet hat?
6. Wie bekommt er schließlich eine Lehrstelle? Welche Nachteile nimmt er dabei in Kauf?
7. Welche Faktoren bewirken die Lehrstellenknappheit?
8. Welche Lösungen hat die Autorin im Auge?

B. Weiterführende Fragen

1. Wie ist die Lage der Berufsbildung in Ihrem Land? Ziehen Sie Vergleiche zu den Verhältnissen in der Bundesrepublik Deutschland.
2. Welche Anforderungen ergeben sich aus einer zunehmend technisierten Wirtschaftswelt an die Berufsausbildung?
3. Was halten Sie von den Lösungsvorschlägen der Verfasserin unseres Textes?

C. Drücken Sie den Inhalt der folgenden Sätze aus dem Text mit anderen Worten aus.

1. Im Bereich Elektrotechnik ist die *Situation* besonders *angespannt.*
2. Bei der Sache gibt es einen *Haken.*

3. Lehrstellen für schulentlassene Jugendliche werden immer *knapper*.
4. Neue, anspruchsvolle *Ausbildungsordnungen erfordern finanzielle Investitionen* der Betriebe.
5. Die private Wirtschaft *hat* das *Ausbildungsmonopol* im betrieblichen Bereich gesetzlich *inne*.

D. Bilden Sie Sätze mit unpersönlichem „es".
Beispiel: Machen Sie doch nächstes Jahr noch einen Versuch. (versuchen)
Lösung: Versuchen Sie es doch nächstes Jahr noch einmal.
1. Lehrstellen seien knapp, *sagte man*. (heißen)
2. Seit kurzem *existiert* eine interessante Möglichkeit. (geben)
3. Laut Gesetz war *das so geregelt*. (geschehen müssen)
4. *Darin* ist keine Lösung *zu sehen,* wenn der Staat alles bezahlt. (sein können)
5. Die Betriebe *sind nicht bereit* zu investieren. (Bereitschaft fehlen)
6. Dank seiner guten Zeugnisse *konnte* er eine Lehrstelle finden. (gelingen oder schaffen)

Text 2

Lebenslauf

Wir kommen aus gutem Hause. Wir haben keine Entbehrung gekannt. Wir haben uns nicht bitten lassen müssen. Man hat uns nicht sagen müssen, wo's langgeht. Wir sind nicht von schlechten Eltern.
Wir sind in gute Schulen gegangen. Man hat uns gute Zeugnisse ausgestellt. Bekanntschaft mit dem Jugendrichter haben wir nie gemacht. Wir wußten, wo Halt war. Wir haben uns zu beherrschen gewußt. Wir haben nicht randaliert[1]. Wir sind nicht herumgelungert[2]. Wir haben zu Hause gelesen. Wir haben gelernt. Wir waren fleißig. Wir sind belohnt worden. Man hat sich uns erkenntlich gezeigt. Wir sind in bessere Schulen gekommen. Wir konnten stolz auf uns sein. Wir haben Selbstvertrauen gewonnen. Wir haben unseren Mann gestanden. Wir sind weiterversetzt worden. Wir haben uns durchgesetzt. Wir haben unsere Lehrer mit guten Noten belohnt. Wir konnten zufrieden sein. Wir hatten es geschafft. Wir waren wer.
Wir haben gesehen, wo der Hase langlief[3]. Wir haben etwas auf uns gehalten. Wir haben randlose Brillen getragen, wir haben kritisch dreingesehen. Wir haben uns nichts vormachen lassen. Wir haben die Problematik aufgearbeitet. Wir haben Papers[4] verfaßt. Wir haben Arbeitskreise gebildet. Wir haben uns unzufrieden erklärt. Wir haben aufgetrumpft[5]. Wir haben gesagt: so nicht.

Wir haben gesagt: nicht mit uns. Wir haben uns versagt. Wir haben in unseren Abiturreden einiges klargestellt. Wir haben Absagen erteilt. Wir haben uns einiges vorgenommen. Wir haben einiges angekündigt. Wir haben den Kriegsdienst verweigert. Wir haben Begründungen geliefert. Wir haben gewußt, warum. Wir würden uns nicht kaputtmachen lassen. Wir waren uns zu schade. Mit uns sollte einiges anders werden. Wir wollten aussteigen. Uns konnte keiner[6]. Uns konnte man nicht schrecken. Uns kam keiner bei. Uns machte alles nichts aus. Uns konnte keiner davon abbringen. Uns war egal, was man sich gegen uns ausdachte. Uns schaffte keiner. Wir ließen uns vor keinen Karren spannen. Wir haben gesehen, was los war. Wir haben analysiert. Wir haben beurteilt. Wir haben erkannt. Wir haben pariert. Wir haben gleichgezogen. Wir haben den Kampf angesagt. Wir haben mit Zuhause gebrochen. Uns konnte man mit den paar Kröten[7] nicht locken.
Wir haben protestiert. Wir haben uns nichts sagen lassen. Wir wußten schließlich selbst. Wir konnten vor diesem System nur warnen. Wir haben die Fallstricke erkannt. Wir haben uns nicht bluffen lassen.
Wir haben uns dem langen Marsch[8] angeschlossen. Wir haben die Notwendigkeiten erkannt. Wir wissen, worum es geht. Wir haben schließlich Lernprozesse durchgemacht. Wir haben uns aus den Frustrationen gelöst. Wir haben unsere Ziele entdeckt. Wir geben keine Pfötchen.
Wir haben die Stellenausschreibung gesehen. Wir haben alles genau überlegt. Wir können uns für dieses öffentliche Amt nur wärmstens empfehlen. Wir möchten uns hierfür in Erinnerung rufen. Wir werden die uns anvertrauten Aufgaben zu aller Zufriedenheit erledigen. Wir legen für uns die Hand ins Feuer.

(von: Manfred Bosch. – aus: *Frankfurter Allgemeine Zeitung* vom 22. 11. 1975)

Wörterverzeichnis

[1] randalieren — Krach und Unfug machen
[2] herumlungern — faul herumstehen
[3] ... wo der Hase langläuft — in welcher Weise sich die Verhältnisse entwickeln
[4] s Paper, -s, -s (engl.) — Abhandlung, Denkschrift
[5] auftrumpfen — sich überlegen geben
[6] mir kann keiner — (ergänze:) etwas vormachen
[7] e Kröten (nur pl.) (ugs.) — Geld
[8] r lange Marsch, -es, o.pl. — ursprünglich: Maos Marsch durch China; hier: die Absicht der studentischen Linken (Ende der 60er, Anfang der 70er Jahre), die Gesellschaft durch Eintritt in normale Berufslaufbahnen zu revolutionieren

A. Fragen zum Textverständnis

1. Mit welcher Absicht wird ein Lebenslauf (angeblich auch dieser) im allgemeinen verfaßt?
2. Wodurch unterscheidet sich dieser Text stilistisch von einem normalen Sachtext (Art der Redewendungen)?
3. Was erfahren wir über die Haltung des fiktiven Autors während seiner Schulzeit?
4. Welche Haltung zur Umwelt nahm er nach dem Abitur ein?
5. Beschreiben Sie den Wandel in seiner Einstellung, wie er in den letzten beiden Abschnitten sichtbar wird.
6. Welche Haltung kritisiert der Autor mit diesem Text?

B. Weiterführende Fragen

1. Würden Sie einem Bewerber mit diesem Lebenslauf ein öffentliches Amt übertragen?
2. Auf welche Eigenschaften eines Bewerbers wird ein umsichtiger Arbeitgeber besonderen Wert legen?
3. Welche Unterlagen außer einem Lebenslauf müssen einer ordentlichen Bewerbung beigefügt sein?

C. Drücken Sie den Inhalt der folgenden Sätze mit Worten aus dem Text aus.

1. Rolf *ist in einer ordentlichen Familie aufgewachsen.* (1)
2. Man mußte ihm nicht sagen, *was er zu tun hatte.* (2)
3. Er hat *sich bewährt.* (10)
4. Er sah, *wohin die Verhältnisse sich entwickelten.* (14)
5. Er ließ sich *nicht täuschen.* (16 und 33)
6. Er *verweigerte seine Mitarbeit.* (19)
7. Ihm konnte *niemand etwas vormachen.* (25)
8. Er *verhält sich nicht unterwürfig gegenüber anderen.* (38)
9. Er *übernimmt* für seinen Freund *die Garantie.* (42)

D. Setzen Sie die folgenden Sätze ins Perfekt.

1. Er kennt keine Entbehrungen.
2. Er muß sich nicht bitten lassen.
3. Man muß es ihm nicht sagen.
4. Man stellt ihm ein gutes Zeugnis aus.
5. Er weiß sich zu beherrschen.

6. Er wird mit guten Noten belohnt.
7. Er läßt sich nichts vormachen.
8. Ihn kann man nicht mit Geld locken.
9. Er wächst in gesicherten Verhältnissen auf.
10. Er steigt aus einem Unternehmen aus.

Text 3

Gruppe oder Familie: was braucht das Kind?

Die Entwicklungsgeschichte der menschlichen Gruppe zeigt uns, wie sehr Gruppen das eigentliche Lebenselement des Menschen sind. In den Urkulturen der Jäger und Sammler beherrscht das Gruppenleben den ganzen Tag – und wir müssen uns klar darüber sein, daß diese Lebensform eigentlich das ist, worauf
5 wir aufgrund unserer körperlichen, gefühlshaften und geistigen Bedürfnisse „vorprogrammiert"[1] sind.
Vor allem für die Kinder ist es sehr schwierig, sich an die Kleinfamilie des Industriezeitalters anzupassen. Sie sind überfordert und überfordern oft genug auch ihre Eltern. Zu den wichtigsten Dingen, welche uns die Entwicklungs-
10 geschichte des menschlichen Gruppenlebens lehren kann, gehört die Tatsache, daß nicht die Eltern allein – oder die isolierte Mutter, wie es heute in den großstädtischen Wohnblocks meist der Fall ist – die volle Last der Betreuung und Erziehung der Kinder tragen können. Sicher sind die Eltern am wichtigsten; die Verantwortung liegt zuerst bei ihnen. Aber der Mensch ist primär[2] ein Gruppen-
15 und erst sekundär[2] ein Familienwesen. Diese etwas paradoxe Formel, denn schließlich ist auch die Familie eine Gruppe, wird dann sinnvoll, wenn wir die Großfamilien der Jäger und Sammler oder bäuerlicher Gesellschaften mit der Familienform unserer Tage vergleichen. In der Kleinfamilie sind die Eltern weitgehend isoliert; Bekannte, Verwandte und Freunde wohnen oft weitab, die
20 Nachbarn im Wohnblock bleiben anonym.
Diese von unserer biologischen und kulturellen Entwicklung her gesehen unnatürlichen Situation der Kleinfamilie in einer hoch organisierten, industrialisierten Gesellschaft birgt nun verschiedene Gefahren in sich: Die Eltern leiden unter Gefühlen der Angst, Schuld und des Selbstzweifels, weil sie die vielfältigen
25 Aufgaben der Kindererziehung nicht so bewältigen können, wie sie es sich vorstellen. Die Paarbeziehung der Eheleute leidet darunter, daß sie von beiden Partnern überfordert wird. Die größere Gruppe erlaubt es jedem Mitglied, sich an Ersatzpartner zu wenden, wenn der primäre Partner einmal schlecht gelaunt ist oder aus anderen Gründen Spannungen auftreten.

Die Kinder ihrerseits sind ebenfalls zusätzlichen Gefahren ausgesetzt, wenn man die Situation in einer größeren Familiengruppe mit der in einer Kleinfamilie vergleicht. In der größeren Gruppe findet ein Kind eine andere bekannte, vertraute Bezugsperson[3], wenn ein Elternteil beispielsweise wegen einer Krankheit ausfällt. In der Kleinfamilie muß die kranke Mutter entweder bis zum Umfallen weitermachen, oder das Kind kommt zu Menschen, mit denen es nicht vertraut ist, etwa in ein Heim[4] oder zu Verwandten an einen anderen Ort, wo es sich fremd fühlt und keine Freunde hat. Auch wenn die Eltern schlechte Laune haben oder seelisch gestört sind, hat das Kind in einer größeren Gruppe überhaupt erst die Möglichkeit, Ersatzpersonen zu finden. In der Kleinfamilie dagegen bieten sich keine Ausweichmöglichkeiten.

(aus: Wolfgang Schmidbauer, *Ich in der Gruppe*)

Wörterverzeichnis

[1]	vorprogrammieren	vorherbestimmen, auf etwas anlegen
[2]	primär, sekundär	in erster/zweiter Linie
[3]	e Bezugsperson, -en	der Mensch, mit dem jmd. ständig in persönlicher Verbindung steht
[4]	s Heim, -es, -e	Haus, in dem eine Gruppe von Kindern (alten Leuten usw.) betreut wird

A. Fragen zum Textverständnis

1. Was ist – historisch und anthropologisch betrachtet – die ursprüngliche Gemeinschaftsform des Menschen? Warum?
2. Wie unterscheidet sich das Verhältnis Kleinfamilie–Umgebung vom Zusammenleben in der Großfamilie?
3. Welche Nachteile hat die Kleinfamilie gegenüber der Großfamilie für die Beziehungen der Ehepartner?
4. Welche Probleme erwachsen den heutigen Eltern bei der Kindererziehung?
5. Inwiefern ist das Kind in der Kleinfamilie schlechter dran als im Sippenverband?

B. Weiterführende Fragen

1. Warum setzt sich die Form der Kleinfamilie immer mehr durch, je technisierter ein Staat ist?
2. Welche Vorteile bietet die Kleinfamilie gegenüber den größeren Familienformen?

3. Welche Möglichkeiten gibt es in den entwickelten Gesellschaften, um die Mängel der Kleinfamilie auszugleichen? (Denken Sie z. B. an andere Gruppenformen!)

C. Drücken Sie den Inhalt der folgenden Sätze mit Worten aus dem Text aus.

1. Wir *können nicht umhin zu erkennen,* daß die Kleinfamilie nicht die ursprüngliche Lebensform des Menschen ist. (4)
2. Er brachte es nicht fertig, sich in der neuen Umgebung *einzuleben.* (8)
3. Als der Betrieb wuchs, wurde es für seinen Gründer immer schwerer, allein *die Bürde* der Verantwortung zu tragen. (12)
4. Die Kinder *haben* Angst, weil die Anforderungen *zu hoch für sie sind.* (23 ff)
5. Unvorsichtige Kinder sind im heutigen Straßenverkehr *von* vielerlei Gefahren *bedroht.* (30)
6. Obwohl Gerd schon ein Jahr hier wohnt, fühlt er sich *nicht heimisch* in der großen Stadt. (36)

D. Ergänzen Sie die fehlenden Wörter und Endungen.

1. Die Geschichte der menschl... Gruppe zeigt uns, ... die Kleinfamilie nicht als das ursprünglich... Lebenselement des Mensch... ist.
2. Die Großfamilie ist das, ... wir aufgrund unser... Wesensart angelegt sind.
3. Die Bedeutung der Gruppe für das menschlich... Zusammenleben ..... d... wichtigsten Erkenntnisse der Soziologie.
4. Die Verantwortung für die Kindererziehung ..... den Eltern.
5. Eine Erziehung von Kleinkindern in Heimen ..... vielerlei Gefahren ..... sich.
6. In jeder normal... Familie können ab und zu Spannungen .....
7. In unserer sich rasch wandelnd... Gesellschaft sind Jugendliche ... vielen Gefahren .....

Text 4

Wer bin ich?

Junge Menschen haben oft das Gefühl, daß sie eigentlich immer eine „Rolle" spielen. Sie bemerken erstaunt, wie sehr sich ihr Verhalten und ihr ganzes Erleben verändert, je nachdem, mit wem sie zusammen sind. Sie können nicht verstehen, wie es möglich ist, daß sie beispielsweise allein eher traurig und nachdenklich sind, vielleicht sogar Gedichte schreiben, während sie mit ihren Kameraden draufgängerisch und kumpelhaft[1] reden. Sie finden es widersprüchlich, was sie im Gespräch mit einer Freundin über Liebe sagen, und wie sie mit ihren Kameraden oder Eltern über diese Dinge sprechen. Sie staunen, daß sie sich je nach der Stimmung, den unmittelbaren Eindrücken (z. B. Musik, Bücher, Filme) bald als kalter Intellektueller[2], bald als leidenschaftlicher Liebhaber, bald als nüchterner Karrieretyp[3], bald als sorgloser Hippie erleben können. Und sie fragen sich: Was bin ich wirklich? Das sind ja alles nur Rollen – wo bin ich selbst, wo ist mein eigentliches Ich?

Für das Gefühl, wirklich „man selbst" zu sein, zu tun und zu empfinden, was einem am nächsten steht, hat der Psychoanalytiker Erik H. Erikson das Wort von der „Ich-Identität" gefunden. Diese Identität ist natürlich nichts Festes, das man einmal erreicht und dann für immer besitzt. Sie ist eher ein Geschehen, ein ständiger Prozeß, in dem sich ein Mensch selbst verwirklicht und dabei von anderen Menschen, die er schätzt, akzeptiert[4] wird. Der Jugendliche erlebt eine „Identitäts-Krise". Er muß – anders als das Kind, das von seinen Eltern abhängig ist – zu sich selbst finden, seinen Platz in den verschiedenen Gruppen bestimmen, denen er angehört. Dabei scheinen ihm zunächst viel mehr Möglichkeiten offenzustehen, als er verwirklichen kann. Andererseits fällt es ihm schwer, aus der Fülle der Rollenerwartungen das herauszugreifen und für sich festzuhalten, was seiner Identität wirklich entspricht und ihm realistische Möglichkeiten der Anerkennung durch seine Bezugsgruppen[5] gibt.

(aus: Wolfgang Schmidbauer, *Ich in der Gruppe*)

Wörterverzeichnis

[1] kumpelhaft (ugs.)	kameradschaftlich
[2] r Intellektuelle, -n, -n	verstandesbetonter Mensch
[3] r Karrieretyp, -s, -en	ein Mensch, der nach beruflichem Erfolg strebt
[4] akzeptieren	annehmen, anerkennen
[5] e Bezugsgruppe, -n	der Personenkreis, mit dem jmd. in persönlicher Verbindung steht

A. Fragen zum Textverständnis

1. Wovon hängt die Verschiedenartigkeit unseres Rollenverhaltens ab?
2. Was versteht man unter „Ich-Identität"?
3. Inwiefern erlebt der Jugendliche eine „Identitäts-Krise"?

B. Weiterführende Fragen

1. Ist das Rollenspiel Täuschung der Umwelt oder Voraussetzung für ein harmonisches Gemeinschaftsleben?
2. Wann können Rollenkonflikte auftreten?
3. Analysieren Sie Ihre Stellung in Ihren Bezugsgruppen.

C. Drücken Sie den Inhalt der folgenden Sätze mit Worten aus dem Text aus.

1. Erich möchte in jedem Kreis eine wichtige *Stelle einnehmen*. (1 f)
2. Der Staatsanwalt behauptete, die Aussagen der Zeugen *stimmten nicht miteinander überein*. (6)
3. *Es hing von seiner Stimmung ab, ob* er arbeitete oder faulenzte. (9)
4. Sie hoffte, in dieser Arbeit *ihre eigene Persönlichkeit entfalten* zu können. (18)
5. Es dauerte lange, bis der neue Mitschüler von seinen Klassenkameraden *als einer der ihren anerkannt* wurde. (19)
6. Wer mehrere Fremdsprachen beherrscht, dem *bieten sich* viele Berufschancen. (22 f)

D. Verknüpfen Sie beide Sätze zu einem Satzgefüge. Dabei können folgende Konjunktionen verwendet werden: damit, obwohl, so daß, während, weil, wie.

1. Das Verhalten Inges änderte sich. Das bemerkte sie selbst erstaunt.
2. Alleine ist sie nachdenklich. Mit ihren Kameraden redet sie draufgängerisch.
3. Der Jugendliche erlebt eine Identitätskrise. Er muß erst zu sich selbst finden.
4. Heiner stellte sein Verhalten auf die Mitschüler ein. Er wollte von ihnen akzeptiert werden.
5. Heute stehen den Jugendlichen viel mehr Möglichkeiten offen. Trotzdem ist es nicht leicht für sie, ihre Ich-Identität zu finden.
6. Anna paßte sich an die Gruppe an. Sie war bald bei allen beliebt.

Text 5

Politik — ist das meine Sache?

Regina, 16, Viktor, 16, Cordelia, 15, und Thomas, 16, alle vier Schüler eines Gymnasiums, diskutieren mit einer Journalistin über die Frage: *Was haben Jugendliche über Politik zu sagen?*

Cordelia: Eigentlich verstehe ich nicht viel von Politik. Vieles interessiert mich auch nicht, weil es zu abstrakt ist. Interessant finde ich Politik nur dann, wenn sie mich selbst in irgendeiner Weise unmittelbar betrifft. Zum Beispiel die Diskussionen um den § 218[1], die haben mich interessiert.

Regina: Mich interessiert in der Politik vor allem der innerdeutsche Bereich. Die Verträge mit der DDR und alles, was damit zusammenhing, haben mich sehr interessiert. Vielleicht auch deshalb, weil ich als Berlinerin davon besonders betroffen bin.

Journalistin: Ihr seid in etwa zwei Jahren 18 und damit wahlberechtigt. Glaubt ihr, dadurch Einfluß auf das politische Geschehen ausüben zu können? Und wie ist es jetzt, mit 16? Könnt ihr irgendwo mitreden, mitbestimmen?

Viktor: Ab 16 kann man einer Partei beitreten. Aber sehr viel zu sagen hat man dadurch auch nicht. Man wird doch immer von den Älteren „untergebuttert".

Cordelia: Einfluß kann man nur nehmen, wenn man sich zu einer Gruppe zusammenschließt und eine Sache gemeinsam vertritt. Neulich haben hier einige Kirchengemeinden eine Aktion über den Jugendstrafvollzug[2] und die Resozialisierung[3] gestartet. Ich habe leider zu spät davon erfahren, sonst hätte ich da sicher mitgemacht. Außerdem sollte man in jedem Fall sein Wahlrecht ausüben, sobald man wahlberechtigt ist.

Regina: Gut, mit 18 ist man wahlberechtigt, aber mit dem Stimmzettel allein kann man wenig machen, wenn man sich nicht sonst irgendwie interessiert und engagiert. In der Schule haben wir ja eine Schülervertretung (SV), mit der wir „Demokratie üben" sollen. Nur gibt es da nicht viel zu üben.

Thomas: Die SV kann eigentlich nichts wirklich entscheiden, jedenfalls nicht an unserer Schule. Das meiste wird doch von oben bestimmt. Die Schüler werden von den Lehrern einfach nicht für voll genommen. Die SV darf sich nur mit „Kinkerlitzchen"[4] beschäftigen, und dabei hält sie sich noch mit langen Debatten über das beste Verfahren auf.

Viktor: Das ist aber nicht in allen Schulen so. Bei uns ist es ziemlich extrem, weil unsere Lehrer so konservativ sind. Aber gerade weil der Druck so groß ist, machen sich manche gerne Luft, zum Beispiel in der Schülerzeitung. Wenn man sich Luft machen muß, wird man allerdings auch oft unsachlich.

Journalistin: Würdet ihr euch gerne in politischen Parteien, Bürgerinitiativen[5] oder irgendwelchen Aktionsgruppen engagieren?

Cordelia: Ja unbedingt. Zum Beispiel auf dem Gebiet der Jugendarbeit, aber auch bei einer Spielplatzinitiative. Leider ist bei uns in der Gegend da wenig los. Ich müßte allerdings mit den Zielen der Gruppe, der ich mich anschließe, hundertprozentig übereinstimmen. Nur dann würde ich zum Beispiel auch an einer Demonstration teilnehmen.

Thomas: Man braucht aber dafür doch sehr viel Zeit, und die habe ich nicht. Außerdem habe ich schlechte Erfahrungen gemacht. Oft vergessen die Gruppen, Vereine oder Clubs ihre eigentlichen Ziele und halten sich furchtbar lange damit auf, formale Dinge zu diskutieren und sich gegenseitig Posten zuzuschieben.

Regina: Die politischen Parteien, finde ich, kümmern sich viel zu wenig um die Jugendlichen. Schließlich wollen sie doch mal gewählt werden.

Journalistin: Meint ihr denn, daß die Jugendlichen eine eigene politische Kraft sind?

Cordelia: Nein, das glaube ich nicht. Dazu sind die Meinungen und Erfahrungen der Jugendlichen zu unterschiedlich.

Thomas: Auf das Alter kommt es gar nicht so sehr an. Wichtiger ist, ob einer nur für sich und seine Interessengruppe handelt, oder ob er sich, ob jünger oder älter, mit denen zusammentut, die der Gemeinschaft nützen wollen.

(aus: *Scala-Jugendmagazin,* Juli 1975)

Wörterverzeichnis

[1] Der § 218 des Strafgesetzbuches stellte den Schwangerschaftsabbruch unter Strafe, er wurde 1976 reformiert.
[2] r Jugendstrafvollzug, -s, o.pl.   Gefängnisstrafe für Jugendliche
[3] e Resozialisierung   wenn jmd. nach der Entlassung aus dem Gefängnis in ein normales Leben zurückgeführt wird
[4] e Kinkerlitzchen (pl.)   unwichtige Kleinigkeiten
[5] e Initiative, -n   Entschlußkraft; eine Gruppe mit einem festen Plan

A. Fragen zum Textverständnis

1. Warum ist Cordelia an der Diskussion um den § 218 des Strafgesetzbuches interessiert?
2. Welche Parallele besteht zwischen Reginas und Cordelias Einstellung zur Politik?
3. Glaubt Cordelia an politische Einflußmöglichkeiten Jugendlicher, und unter welchen Bedingungen?
4. Was halten die Gesprächsteilnehmer von der Schülervertretung?
5. Welche Meinung haben sie von den Parteien?
6. Sind die Jugendlichen eine politische Kraft?

B. Weiterführende Fragen

1. Interessieren bzw. engagieren Sie sich für politische Fragen? Wenn ja, für welche? Warum? Wenn nein, warum nicht?
2. Was halten Sie von Schüler-(bzw. Studenten-)Vertretungen?
3. Glauben Sie, es ist sinnvoll, wenn Jugendliche schon mit 18 Jahren mündig werden? (mündig = im Besitz der vollen bürgerlichen Rechte und Pflichten)

C. Formulieren Sie zu folgenden Aussagen den jeweils entgegengesetzten Sachverhalt.

Beispiel: Abstraktes interessiert mich nicht.
Lösung: Konkretes interessiert mich.

1. Viktor *trat* der liberalen Partei *bei*.
2. Inge und Gerda traten *gemeinsam* für einen Plan zur Gründung einer Jugendinitiative ein.
3. Thomas und seine Freunde *starteten* eine Aktion.

4. Gerhard erfuhr *zu spät* davon.
5. Die Lehrer an Reginas Schule sind *konservativ*.
6. Cordelia *schloß* sich einer Jugendgruppe *an*.

D. Verwandeln Sie folgende Sätze in die indirekte Rede.
1. Cordelia sagt: „Ich verstehe nichts von Politik."
2. Regina behauptet dagegen: „Die Verträge mit der DDR und alles, was damit zusammenhing, haben mich interessiert."
3. Die Journalistin fragt: „Glaubt ihr, Einfluß auf das politische Geschehen ausüben zu können, wenn ihr wahlberechtigt seid?"
4. Cordelia entgegnet: „Einfluß kann man nur nehmen, wenn man sich zu einer Gruppe zusammenschließt."
5. Thomas befürchtet: „Das meiste wird doch von oben bestimmt. Wir werden einfach nicht für voll genommen.
6. Die Schülervertretung z. B. darf sich nur mit Kinkerlitzchen beschäftigen. Daher war sie bisher nicht sehr erfolgreich."

Die Stellung der Frau in der Gesellschaft

Text 1

Die Frau — das „andere Wesen"?

„Die Würde der Frauen", von der die Dichter so oft und so liebenswürdig gesungen hatten, besteht nach Meinung etwa von Simone de Beauvoir[1] — wie aller „emanzipierten"[2] Frauen — darin, es dem Manne in allem und jedem gleichzutun. Wenn die Frau ein Mann unter Männern ist, dann hat sie ihre „Würde".
Andere Völker und andere Zeiten haben darüber anders gedacht; und auch unter uns Abendländern[3] ist das Gefühl dafür noch nicht überall und endgültig verlorengegangen.
Denn wo bleibt die existentialistische[4] Freiheit der Frau, sich ein Wesen nach eigener Wahl zu wählen, wenn sie andrerseits ihrer Naturbestimmung folgen und gerecht werden soll, die ihr nun einmal ein Wesen und eine Rolle gibt, deren sie sich zum mindesten nicht nach Belieben, ohne alle Folgen, entledigen kann. Diese Naturbestimmung der Geschlechter sehen wir ja schließlich vorgebildet unter den uns verwandten „höheren" Tieren — Vögeln wie Säugern.
Die Naturbestimmung der Frau ist etwas, wovon man heutzutage lieber so wenig wie möglich redet, weil das Thema in seinen Konsequenzen[5] sogenannten modernen Bestrebungen nicht bequem und überdies natürlich abgedroschen[6] ist. Sie ist in ihrer Allgemeinheit auf die auch psychologisch gültige Formel gebracht worden, die Frau sei die „Hüterin des Lebens" oder auch „der Anwalt des Lebens". Anders gesagt: Das weibliche Prinzip — wenn es eines gibt — steht auf der Seite der Natur und des Lebens, der Vitalität[7], und nicht des Geistes. Das soll natürlich nicht heißen, daß das „reine" oder echte Weib keinen Geist oder keine Beziehung zum Geist habe; aber vorherrschend in ihr ist nicht das geistige, sondern das vitale, naturhafte Prinzip. Und wir können hinzusetzen: das ist auch gut so — es ist notwendig so: denn wo bliebe sonst das Leben? Wo bliebe das Leben, wenn beide Geschlechter, „M" und „W", „Dur" und „Moll", übereinstimmend die Aufgabe hätten, für den Geist — und das heißt gegen das Leben — zu leben? Ja wir können noch weiter gehen und fragen: wozu gibt es denn überhaupt den Unterschied der Geschlechter, was hat er überhaupt für einen Sinn, wenn Mann und Weib genau die gleiche Aufgabe oder Bestimmung haben sollen?

(von: Albert Wellek. — aus: A. Wellek, *Psychologie*)

Wörterverzeichnis

1 Simone de Beauvoir — franz. Schriftstellerin und Philosophin, geb. 1908. Sie ist wie ihr Lebensgefährte J. P. Sartre Vertreterin eines linken Existentialismus. Der Existentialismus ist eine philosophische Strömung, welche die Grundlagen des menschlichen Daseins (der Existenz) aufzudecken versucht.
2 emanzipiert — Gleichberechtigung mit dem Mann anstrebend
3 s Abendland, -(e)s, o.pl. — Europa
  r Abendländer, -s, - — Europäer, Bewohner des Abendlandes
4 siehe 1
5 e Konsequenz, -en — Folge
6 abgedroschen — schon zu oft gebraucht
7 e Vitalität, o.pl. — Lebenskraft, Lebensenergie

A. Fragen zum Textverständnis

1. Welches Verhalten empfiehlt Simone de Beauvoir ihren Geschlechtsgenossinnen?
2. Wodurch sieht der Autor die Freiheit der Frau, „sich ein Wesen nach eigener Wahl zu wählen", eingeschränkt?
3. Warum spricht man heute ungern von der „Naturbestimmung der Frau"?
4. Wie beschreibt der Autor das „weibliche Prinzip"?
5. Mit welcher Begründung erklärt der Autor das „weibliche Prinzip" für nötig?

B. Weiterführende Fragen

1. Was halten Sie von der Ansicht des Autors über die „Naturbestimmung der Frau" und deren Gegensatz zum Geist?
2. Welche Rolle sollte nach Ihrer Meinung die Frau in unserer Gesellschaft übernehmen?
3. Welche Konsequenzen würden sich daraus für den Mann ergeben?

C. Drücken Sie den Inhalt der folgenden Sätze mit Worten aus dem Text aus.

1. Er versuchte, *sich genauso zu verhalten wie* sein älterer Bruder. (3)
2. Der junge Lehrer gab sich redlich Mühe, seine schwierige Aufgabe *zu bewältigen*. (10)
3. Die Frau kann *sich von* ihrer naturgegebenen Rolle nicht ohne weiteres *befreien*. (11)

4. Dieses Thema *wurde schon zu oft erörtert,* dazu gibt es kaum neue Gesichtspunkte. (16)
5. Sein Lebensweg zeigt, daß er immer die Schwachen *unterstützte.* (20)

D. Verwandeln Sie die kursiv gedruckte Phrase in einen Relativsatz.

Beispiel: Die *von den Dichtern besungene* Würde der Frauen wird verschieden definiert.
Lösung: Die Würde der Frauen, die die Dichter besungen haben, wird . . . . .

1. Die *von Simone de Beauvoir propagierte* Meinung ist weitgehend umstritten.
2. Ein *von seiner Frau verlassener* Mann muß eine Reihe von zusätzlichen Rollen übernehmen.
3. Die *heutzutage viel diskutierte* Benachteiligung der Frauen ist nur langsam zu überwinden.
4. Der *von Albert Wellek aufgestellten* Behauptung kann ich nicht zustimmen.
5. Es gibt mehr *gesellschaftlich bedingte als naturgegebene* Verhaltensunterschiede zwischen Mann und Frau.

Text 2

Plädoyer gegen die Ehe

Ein Interview mit der Schriftstellerin Alice Schwarzer, Januar 1974.

Interviewer: Sie raten allen Frauen, unverheiratet und kinderlos zu bleiben wie Sie selber und viele andere Frauenbefreierinnen auch. Warum?

Schwarzer: Sobald eine Frau verheiratet ist, gilt sie in unserer Gesellschaft nur noch genauso viel wie ihr Mann. Ist er was, ist sie auch was. Wird er verachtet, wird sie mitverachtet. Und in dem Augenblick, wo ein Kind da ist oder sogar mehrere, da sitzt man zu Hause und ist davon abhängig, daß man einen guten, netten Mann hat. Und jetzt weiß sicherlich jede Hausfrau, wovon ich rede: Die Decke fällt einem auf den Kopf, jeden Tag spült man dieselben Teller, und dann muß man auch noch seinen Mann fragen: Kann ich nicht mal wieder zum Friseur; gibst du mir Geld für'n neuen Rock und so. Das heißt, die Mutterschaft macht finanziell abhängig vom Mann und nicht nur finanziell. Wer das Geld hat, der hat das Sagen. Und der kann zu dem, der keins hat, sagen: Halt die Klappe[1], ich bin hier der Herr im Haus.

15 *Interviewer:* Darum empfehlen Sie auch allen Frauen, berufstätig zu sein und zu bleiben?

Schwarzer: Ja, aber nicht nur darum. Solange man für die Kinder zu sorgen hat, hat das Leben der Hausfrau ja noch einen Sinn. Was aber, wenn die Kinder groß sind und aus dem Hause gehen? Dann müßte man einen Beruf haben,
20 hat aber keinen, weil man keinen gelernt hat oder weil man den erlernten Job verlernt hat. Also versauert[2] man zu Hause oder landet in irgendwelchen Sackgassenberufen wie Hilfsarbeiterin oder Bürokraft oder Friseuse, wo sie nicht weiterkommen, wo sie bloß ausführen dürfen, was andere anordnen: Viel Arbeit, langweilige Arbeit für wenig Geld.

25 *Interviewer:* Haben Sie eigentlich bedacht, daß der Verzicht auf Ehe und Kinder für viele Frauen Einsamkeit bedeuten könnte?

Schwarzer: Ich möchte mich deshalb anders ausdrücken: Ich rate den Frauen, sich sehr, sehr gut zu überlegen, welche Folgen es hat, wenn sie heiraten. Ich weiß, es gibt eine Menge Gründe dafür, doch zu heiraten. Man möchte mit
30 einem Menschen zusammen sein. Außerdem gilt man in dieser Gesellschaft ja bloß was, wenn man einen Mann hat. Ich selber bin zwar nicht verheiratet. Ich lebe aber mit einem Mann zusammen.

(aus: Jochen Wolff, *Männlich, weiblich oder menschlich?*)

Wörterverzeichnis

[1] e Klappe, -n   1. an einer Seite befestigter Deckel
   (unhöflich, ugs.)   2. (hier:) Mund
[2] versauern   ohne Anregung bleiben, stumpfsinnig werden

A. Fragen zum Textverständnis

1. In welcher Hinsicht ist die Ehefrau, nach Alice Schwarzer, von ihrem Mann abhängig?
2. Welche Gefahren für ein sinnerfülltes Leben erblickt sie in der Ehe?
3. Welche Argumente für die Ehe läßt sie gelten?
4. Welche Lösung des Problems hat sie in ihrem Privatleben verwirklicht?

B. Weiterführende Fragen

1. Halten Sie die Einwände Alice Schwarzers gegen die Ehe für stichhaltig?
2. Können Sie noch weitere Argumente für die Ehe anführen?
3. Was halten Sie von Alice Schwarzers persönlicher Lösung des Problems?

C. Ergänzen Sie die fehlenden Wörter.

1. Eine verheiratete Frau ..... nur soviel wie ihr Mann.
2. Eine Frau mit Kind ist ..... abhängig, daß sie einen guten Mann hat.
3. Das Dasein einer Hausfrau ist eintönig: die Decke ..... ihr auf den Kopf.
4. Wer Geld hat, kann zum andern sagen: ..... die Klappe!
5. Eine Mutter ..... für ihre Kinder.
6. Hat Alice Schwarzer überlegt, daß ..... auf Ehe Einsamkeit bedeuten kann?

D. Verneinen Sie die folgenden Sachverhalte. Verwenden Sie dabei: nicht, nichts, kein.

Beispiel: Wenn der Mann etwas ist, gilt auch seine Frau etwas.
Lösung: Wenn der Mann nichts ist, gilt auch seine Frau nichts.

1. Wenn sie ein Kind hat, muß sie zu Hause bleiben.
2. Wenn sie selbst etwas verdient, kann sie frei über das Geld verfügen.
3. Wer Geld hat, kann bestimmen, was angeschafft wird.
4. Wenn alte Menschen noch Aufgaben zu erfüllen haben, hat ihr Leben einen Sinn.
5. Wer Fremdsprachen lernt, kann sich in anderen Ländern leicht verständigen.

Text 3

Das Mädchen kannst du doch nicht heiraten!

– Brief einer Mutter an ihren heiratswilligen Sohn –

Mein lieber Sohn!

Du willst Helga also wirklich heiraten. Kennst Du sie eigentlich schon gut genug? Sie ist schön. Sie ist zart; ich kann verstehen, daß Du Dich in sie verliebt hast. Aber vielleicht täuschen Dich gerade diese weiblichen Äußerlichkeiten darüber hinweg, daß sie innerlich doch sehr vermännlicht ist. Schon ihr Beruf gibt zu denken: Postbotin — etwas Unweiblicheres gibt's wohl kaum. Trotzdem will sie die Arbeit nicht aufgeben. Als wenn Du nicht Manns genug wärest, eine Familie zu ernähren, Du als Elektroschweißer[1] bei dieser grundsoliden Firma von 1890. Ohne rot zu werden, hat Helga mir doch wahrhaftig ins Gesicht gesagt, das sei ihr eben zu unsicher, wenn bloß einer verdient.
Ist mein Sohn vielleicht ein Faulenzer? Hast Du ihr nicht angeboten, Überstun-

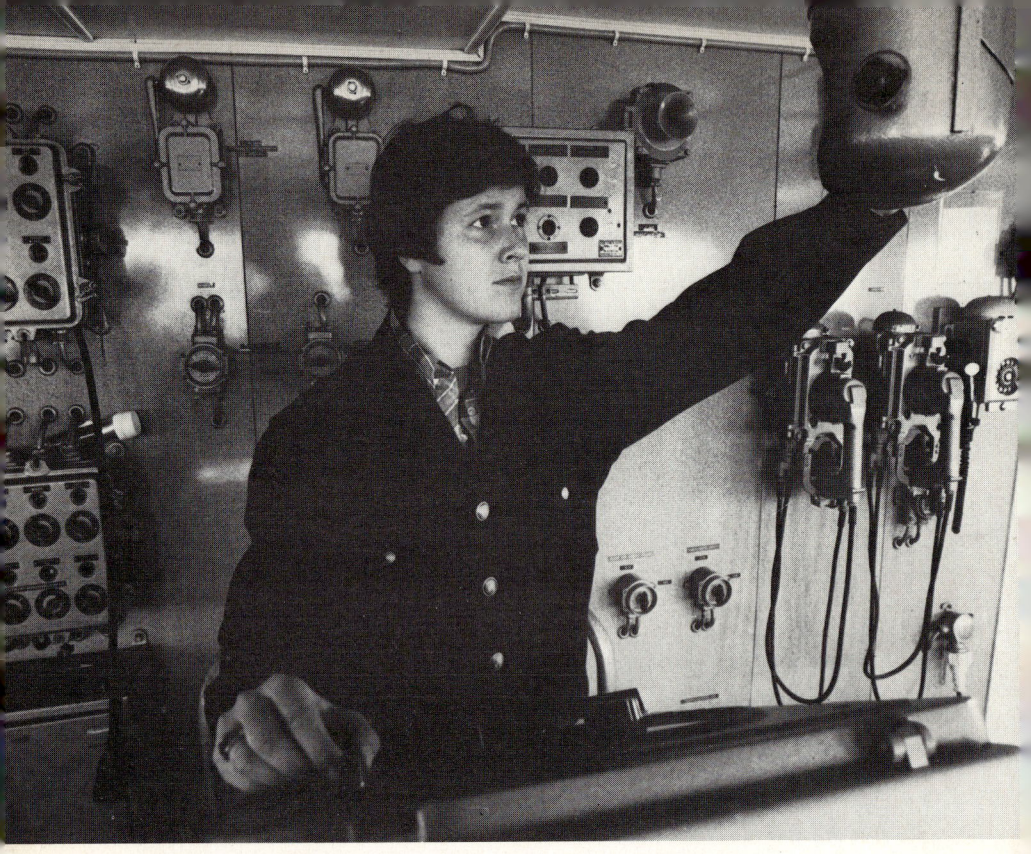

Mädchen mit Kapitänspatent

den zu machen, wenn sie finanziell nicht zurückstecken möchte? Ich habe sie daran erinnert. Denk Dir: Da hat mir das falsche Luder[2] doch wahrhaftig einen Kuß gegeben und behauptet, das könnte sie nicht verantworten. Du würdest Dich „kaputt machen". Außerdem wäre es ihr lieber, wenn Du immer pünktlich nach Hause kämest. Zumal wenn Ihr erst ein Kind hättet; das brauche nämlich die starke Hand des Vaters — worin ich ihr ausnahmsweise recht geben möchte. Aber es ist ja geheuchelt. In Wirklichkeit will sie sich doch bloß ihre finanzielle Unabhängigkeit bewahren. Raffiniert[3] wie das Weib ist, wußte sie natürlich auch darauf einen Vers. Sagte sie doch, dann wüßtest Du auch, daß sie Dich aus Liebe heiratet und nicht nur um versorgt zu sein. Sie will sich nicht unterordnen; das ist alles. Und sowas heiratet man einfach nicht.
Herzlichste Grüße von Deiner Mutter, die sich Sorgen um Dich macht.

(aus: Josef Westhof, *Übungen zur Fernsehfolge „Fallstudie"*)

Wörterverzeichnis

[1] r Elektroschweißer, -s, -   ein Beruf, bei dem mit Hilfe von elektrischem Strom Metallteile fest miteinander verbunden werden
[2] s Luder, -s, -   Person (abwertend)
[3] raffiniert   gerissen, schlau

A. Fragen zum Textverständnis

1. Welche Stellung bezieht die Briefschreiberin gegenüber Helgas Beruf?
2. Warum will Helga auch nach der Hochzeit ihren Beruf ausüben?
3. Warum ist Helga dagegen, daß ihr künftiger Mann Überstunden macht?
4. Welche Haltung der Frau gegenüber ihrem Ehemann erwartet die Briefschreiberin?
5. Welches Rollenverständnis hat Helga demgegenüber?

B. Weiterführende Fragen

1. Entwerfen Sie einen Antwortbrief des Sohnes an seine Mutter.
2. Wenn Helga ein Kind (Kinder) hat, kann ihre Berufstätigkeit dann Probleme mit sich bringen?
3. Welche Rollenverteilung zwischen Mann und Frau in der Ehe scheint Ihnen am sinnvollsten?

C. Drücken Sie den Inhalt der folgenden Sätze mit Worten aus dem Text aus.

1. Es ist verständlich, daß du dieses Mädchen *liebgewonnen* hast. (3)
2. Man *muß sich darüber im klaren sein,* daß trotz aller Fortschritte auf diesem Gebiet die Frauen immer noch nicht mit den Männern gleichberechtigt sind. (4 f)
3. Helgas Ansichten *stimmten* ihre künftige Schwiegermutter *nachdenklich.* (6)
4. Der Sohn war *tüchtig* genug, um eine Familie zu ernähren. (7)
5. Helga wollte *sich nicht mit einem geringeren Einkommen zufriedengeben.* (12)
6. Die Kinder brauchen *die energische Erziehung durch den Vater.* (17)

D. Verwandeln Sie die folgenden Sätze in die direkte Rede.

1. Helga sagte der Mutter ihres Verlobten, das sei ihr eben zu unsicher, wenn bloß einer verdient.

2. Sie behauptete, das könnte sie nicht verantworten; ihr Mann würde sich kaputt machen.
3. Die Mutter schreibt an ihren Sohn: „Helga hat zu mir gesagt, es wäre ihr lieber, wenn Du immer pünktlich kämest. Zumal wenn Ihr ein Kind hättet; das brauche nämlich die starke Hand des Vaters."
4. Helga gibt als Grund für ihre Berufstätigkeit an, dann wüßte ihr Mann auch, daß sie ihn aus Liebe heiratet und nicht um versorgt zu sein.
5. Die Mutter glaubt, Helga wolle sich nicht unterordnen und werde deshalb ihren Sohn nicht glücklich machen.

Text 4

Auswirkungen von Mütterarbeit auf die Kinder

Obwohl die Gesellschaft mit größter Selbstverständlichkeit die Arbeitskraft der Mütter in Anspruch nimmt, hat sie es bis heute nicht fertiggebracht, die damit zusammenhängenden Probleme zu lösen. Weder stellt sie ausreichend Kindergartenplätze zur Verfügung, noch wirkt sie der Diskriminierung[1] arbeitender Mütter seitens der Öffentlichkeit entgegen. In der Diskussion um das Für und Wider der Erwerbsarbeit von Müttern nimmt das Thema „Auswirkungen auf die Kinder" den ersten Platz ein. Es schien erwiesen, daß Kinder arbeitender Mütter vernachlässigt würden und in stärkerem Maße neurotische[2] Verhaltensstörungen, soziale Auffälligkeiten, geringere Schulleistungen und auch kriminelle Neigungen zeigen. Obwohl diese Behauptungen inzwischen als wissenschaftlich widerlegt gelten, leben sie im Bewußtsein der Öffentlichkeit fort und erzeugen in der erwerbstätigen Mutter Unsicherheit und starke Schuldkomplexe.

Die Ergebnisse psychologischer Forschungen, die sich mit frühkindlicher Sozialisation[3] befassen, lassen prinzipiell keine gewichtigen Argumente gegen die Erwerbstätigkeit von Müttern zu. Kurz zusammengefaßt ergibt sich aus ihnen folgendes: Der Verlauf der frühkindlichen Entwicklung ist entscheidend für die Persönlichkeitsbildung. Das klassische Sozialisationsmodell wies deshalb der Mutter die wichtigste Rolle bei der Erziehung zu und stützte sich besonders auf die Forschungen von René Spitz, die nachweisen, daß das Fehlen gefühlsbetonter Zuwendung in der frühen Kindheit zu irreparablen[4] Schäden führt. Allerdings geht aus den Untersuchungen von R. Spitz hervor, daß nicht die leibliche Mutter die Bezugsperson sein muß, sondern daß sie durch jede andere Person ersetzt werden kann, die ihre Funktion in ausreichendem Maße übernimmt. Diese Ergebnisse wurden durch andere ausführliche Untersuchungen unterstützt. Daraus kann abgeleitet werden, daß nicht die biologische Mutter unersetzlich ist für die Entwicklung des Kleinkindes, sondern einzig und allein eine Bezugsperson, die die notwendigen positiven Gefühlsbindungen zu dem Kind herstellt. Demnach könnte also jede Familie entscheiden, ob die Mutter, der Vater oder eine andere Person die Bezugsperson sein soll. 30

(aus: Jutta Menschik, *Gleichberechtigung oder Emanzipation?*)

Wörterverzeichnis

[1] e Diskriminierung, -en   Benachteiligung, Geringschätzung
[2] neurotisch   seelisch krankhaft
[3] e Sozialisation   Einordnung des einzelnen in die Gemeinschaft
[4] irreparabel   kann nicht wiedergutgemacht werden

A. Fragen zum Textverständnis

1. Warum sollte die Allgemeinheit den arbeitenden Müttern helfen?
2. In welcher Weise sollte dies geschehen?
3. Welche negativen Auswirkungen soll die Berufstätigkeit von Müttern auf die Kinder haben?
4. Welcher Lebensabschnitt ist für die Persönlichkeitsbildung am wichtigsten?
5. Wie können Entwicklungsschäden am ehesten vermieden werden?
6. Wer kann eine erfolgversprechende Sozialisation des Kindes übernehmen?
7. Welche Auswirkung hat diese Erkenntnis auf die Beurteilung der Frage, ob Mütter einem Beruf nachgehen sollen?

B. Weiterführende Fragen

1. Wie beurteilen Sie die These: „Wer die Kinder aufzieht, soll nicht gleichzeitig einer Berufsarbeit nachgehen"?
2. Wie beurteilen Sie es, wenn statt der Mutter der Vater oder eine andere Person die Rolle der Bezugsperson des Kindes übernimmt?
3. Wie beurteilen Sie die Lage, wenn beide Elternteile berufstätig sind?

C. Die folgenden Sätze sollen sprachlich, aber nicht inhaltlich, mit Hilfe der angegebenen Wörter verändert werden.

1. Der Gesellschaft ist es bis heute nicht gelungen, diese Probleme zu lösen.
   a) Die Lösung ..... nicht gelungen.
   b) Es ist .....
   c) Der Gesellschaft ist es bis heute nicht gelungen, für diese Probleme .....

2. Es werden nicht genug Kindergartenplätze zur Verfügung gestellt.
   a) Man .....
   b) Die Zahl der verfügbaren Kindergartenplätze .....
   c) Es zeigt sich, daß .....
3. Die Ergebnisse psychologischer Forschungen ergeben, daß gewichtige Argumente gegen die Erwerbstätigkeit von Müttern nicht vorgebracht werden können.
   a) Die Ergebnisse psychologischer Forschungen ..... zu.
   b) Aufgrund der Ergebnisse psychologischer Forschungen ist es nicht möglich, ...

D. Ergänzen Sie im folgenden Text die korrekte Endung des Adjektivs, Partizips oder Zahlwortes.

1. Die Gesellschaft nimmt die Arbeitskraft der Mutter mit größt ... Selbstverständlichkeit in Anspruch.
2. Sie kann die damit zusammenhängend ... Probleme nicht lösen.
3. Sie wirkt der Diskriminierung arbeitend ... Mütter nicht entgegen.
4. Kinder arbeitend ... Mütter zeigen in verstärkt ... Maße neurotisch ... Verhaltensstörungen.
5. Ein gewichtig ... Argument gegen die Erwerbstätigkeit von Müttern läßt der Autor des vorliegend ... Aufsatzes nicht zu.
6. All ... psychologisch ... Forschungen führen zum gleich ... Ergebnis.

Text 5

Karrierefrauen in der Politik

Noch wenig sichtbar und vorläufig gering an der Zahl hat sich eine neue Politikerinnen-Generation einzunisten[1] begonnen. Die Mütter sind etwas aus der Mode gekommen. Jetzt steht den Töchtern der Erfolg ins Haus.
An Frauen wie Hildegard Hamm-Brücher, Helga Wex, Liselotte Funcke,
5 Katharina Focke und Annemarie Renger ist der Wandel zum ersten Mal sichtbar geworden. Schließlich sind sie schon optisch ganz anders als die anderen: hochbeinig und schlank, in teuerstes Tuch verpackt, vom Typus her weit mehr Geliebte als Mutter. Ganz anders als ihre älteren Kolleginnen empfinden sie Weiblichkeit auch nicht mehr als Schicksal, das sich vielleicht um ein Quent-
10 chen[2] freundlicher gestalten, aber gewiß nicht abwenden läßt, und das allenfalls noch über Mütterrollen den Respekt der Gesellschaft einbringt. Sie setzen

ihr Geschlecht vielmehr bewußt als Waffe ein, rechnen sich aus, daß sie als interessierte und versierte[3] politische Frauen selten und deshalb auch kostbar sind und daß sie — sofern sie sich geschickt anstellen — mehr Aufstiegschancen haben als die vielen Männer in der breiten Masse der männlichen Konkurrenz. Hinzu kommt, was die Klingen schärft: die praktizierte Nächstenliebe als Eintrittsbilett[4] in die Politik hat ausgedient. Diese jüngeren Frauen weisen zumeist eine qualifizierte Berufsausbildung, viele sogar ein abgeschlossenes Hochschulstudium und damit Sach- und Fachkenntnisse vor, die mit denen der Männer, auch in den Arbeitsbereichen, die bislang als männliche Reservate[5] galten, konkurrieren können.
Sie haben die Mutterrolle nicht nur für die politische Laufbahn abgelegt. Sie trennen sich auch privat von Mann und Kindern, um in Bonn Karriere zu

machen, wie sich bislang nur Männer von ihren Familien zu trennen pflegten.
Sie haben das Bäumchen-wechsle-dich[6], von dem die Durchschnittsfrauen nur
zu träumen wagen, „emotional[7] sehr ungetrübt", wie es eine munter formuliert,
für sich durchgesetzt. Ihre Männer übernehmen Familienpflichten, sie selbst,
keinesfalls verunsichert, vielmehr dieses spezifische provinzielle und doch weltgewichtige Klima in Bonn sichtbar genießend, halten sich den Familienalltag in
drei von vier Wochen des Monats vom Hals.
Natürlich wird da gelegentlich ein Bedauern wach, „weil das Kind gar nicht
begreift, daß plötzlich, an irgendeinem Sonntag, die Mutter einmal das Nachtgebet spricht", oder „weil die Ehe am Rande der Krise fortbesteht". Aber zwischen solchen Sätzen ist doch immer wieder spürbar, wie diese Frauen ihr
öffentliches Ansehen und die Messerspitze Einfluß, die ihnen jetzt zukommt,
ohne tieferen Schmerz als glanzvolles Ersatzstück für ihre Hausfrauen- oder
Berufsaufgaben akzeptieren[8]. Darin, wie in der Selbstsicherheit des Auftretens
und der schnoddrig-arroganten[9] Gebärde sind sie ihren männlichen Kollegen
fast zum Verwechseln ähnlich.

(aus: *Frankfurter Allgemeine Zeitung* vom 22. 11. 1975)

Wörterverzeichnis

[1]	sich einnisten	sich festsetzen, einen gesicherten Platz einnehmen
[2]	s Quentchen	eine kleine Menge
[3]	versiert	erfahren, vielseitig kundig
[4]	s Eintrittsbillett, -s, -s	Eintrittskarte
[5]	s Reservat, -s, -e	abgegrenzter Bezirk, vorbehaltener Bereich
[6]	Bäumchen wechsle dich	ein Kinderspiel, bei dem die Spieler von einem Baum zum anderen laufen. Hier: der Rollentausch von Ehemann und Ehefrau
[7]	emotional	gefühlsmäßig
[8]	akzeptieren	annehmen, hinnehmen
[9]	schnoddrig	von herausfordernder Lässigkeit
	arrogant	anmaßend, eingebildet, überheblich

A. Fragen zum Textverständnis

1. Welchem Frauentyp gehörten die Politikerinnen in der Bundesrepublik Deutschland früher an?
2. Welcher Frauentyp herrscht heute vor?
3. Welche Vorteile haben die Frauen in der Politik gegenüber den Männern?

4. Wie sieht das Familienleben der Politikerinnen aus?
5. Wie empfinden sie selbst ihre Rolle?
6. Worin ähneln sie ihren männlichen Kollegen?

B. Weiterführende Fragen

1. Sollen Frauen verantwortungsvolle Positionen im öffentlichen Leben einnehmen? Wenn ja, welche?
2. Können sich aus der politischen Tätigkeit von Frauen Probleme für deren Familienleben ergeben?
3. Sollten alle Berufe (z. B. Hebamme, Taxifahrer etc.) gleichermaßen beiden Geschlechtern offenstehen?

C. Drücken Sie den Inhalt der folgenden Sätze mit Worten aus dem Text aus.

1. Die Mütter sind *nicht mehr ganz zeitgemäß*. (2 f)
2. Die Mutterrolle *ist in der Gesellschaft geachtet*. (11)
3. *Wenn sie sich* geschickt *verhalten,* haben sie Aufstiegschancen. (14)
4. *Eine karitative Tätigkeit ist nicht mehr Voraussetzung, wenn eine Frau Politikerin werden will.* (16 f)
5. Sie wollen in Bonn *beruflichen Erfolg haben*. (23 f)
6. In der Selbstsicherheit ihres Auftretens *gleichen* sie den Männern fast *völlig*. (38 f)

D. Verbinden Sie jedes Satzpaar zu einem Satzgefüge mit Relativsatz.

Beispiel: Eine neue Politikerinnengeneration hat sich einzunisten begonnen. Sie ist noch gering an der Zahl.
Lösung: Eine neue Politikerinnengeneration, die noch gering an der Zahl ist, hat sich einzunisten begonnen.

1. Sie empfinden Weiblichkeit nicht als Schicksal. Es läßt sich nicht abwenden.
2. Sie weisen Fachkenntnisse vor. Diese können mit denen der Männer konkurrieren.
3. Sie genießen ihren politischen Einfluß. Er kommt ihnen zu.
4. In unserer Nachbarschaft wohnt ein Arzt. Seine Frau ist Landtagsabgeordnete geworden.
5. Unser Bürgermeister ist jetzt Bundestagsabgeordneter geworden. Mit ihm verbindet mich eine langjährige Freundschaft.
6. Die Politikerinnen haben mit dem Ehepartner einen Rollentausch vorgenommen. Davon wagen Durchschnittsfrauen nur zu träumen.

Die Rolle des Mannes

Text 1

Rollenumkehrung

Am Abend

Die Familie hat sich an den Tisch gesetzt: Die Mutter, der Vater, Heiko und Gabi, die beiden Kinder. Vater hat noch etwas Mühe mit der kleinen Tochter. Er bindet ihr das Lätzchen[1] um, streicht ihr das Brot, schneidet kleine Häppchen und legt sie Gabi auf den Teller. Mutter und Heiko langen schon tüchtig zu. „Siehst du dir heute abend das Fußballspiel im Fernsehen an?" fragt Heiko seine Mutter.

„Oh", die Mutter guckt den Vater an, der gerade Gabi einen Happen in den Mund schiebt, „ich hatte ganz vergessen – wir haben unseren Skatabend[2] vor-

verlegt – ich muß heute um 8 Uhr in Meyers Gasthof am Stammtisch[3] sein, Irene hat Geburtstag!"
"Schade", meint der Mann, "ich hatte mich wirklich auf einen gemütlichen gemeinsamen Abend gefreut. Ja, dann werde ich heute abend die Wäsche wegbügeln".
Der Mann hebt die kleine Tochter vom Stuhl. Er steht auf, fängt an, den Tisch aufzuräumen.
"Ich bin in Eile", sagt die Frau.
"Geh nur, wir machen das schon", meint der Sohn.
Eine Weile später öffnet die Frau die Küchentür. Ihr Mann steht am Abwaschbecken. Die Kleine hält sich an der Schürze fest.
"Wann kommst du nach Hause?"
"Kann ich jetzt nicht sagen, tschüß!"

(Der Text wurde einem Unterrichtsbeispiel entnommen, das 1973 von Lehrern im Institut für Lehrerfortbildung, Hamburg, erarbeitet wurde. – aus: Jochen Wolff, *Männlich, weiblich oder menschlich?*)

Wörterverzeichnis

[1] s Lätzchen, -s, -	kleines Tuch, das Kindern beim Essen umgebunden wird
[2] r Skat, -s, o.pl.	ein besonders bei Männern beliebtes Kartenspiel für drei Personen
[3] r Stammtisch, -es	Tisch in einem Lokal, an dem sich eine Gruppe von Gästen regelmäßig trifft

A. Fragen zum Textverständnis

1. Was fällt Ihnen am Verhalten des Vaters zu seiner Tochter auf?
2. Welche Arbeiten hat der Ehemann am Abend zu verrichten?
3. Wie verbringt die Frau ihren Abend?
4. Erläutern Sie die Überschrift anhand der einzelnen Geschehnisse.

B. Weiterführende Fragen

1. Was halten Sie von einer solchen "Rollenumkehrung"?
2. Gibt es außer der Rollenumkehrung andere denkbare Alternativen zur traditionellen Rollenverteilung von Mann und Frau?

C. Drücken Sie den Inhalt der folgenden Sätze mit Worten aus dem Text aus.
1. Vater kommt mit der kleinen Tochter *noch nicht ganz zurecht*. (3)
2. Mutter und Sohn *essen mit gesundem Appetit*. (5 f)
3. Unser Treffen *findet früher statt als geplant*. (9 f)
4. Der Vater hatte *gehofft, die ganze Familie werde den Abend zusammen verbringen*. (12 f)

D. Verwandeln Sie folgende in direkter Rede zitierten Äußerungen in die indirekte Rede.
1. Heiko fragte seine Mutter: „Siehst du dir heute abend das Fußballspiel im Fernsehen an?"
2. Die Mutter ließ den Vater wissen: „Ich hatte ganz vergessen – wir haben unseren Skatabend vorverlegt – ich muß heute um 8 Uhr in Meyers Gasthof am Stammtisch sein; Irene hat Geburtstag."
3. Der Mann meinte: „Schade, ich hatte mich auf einen gemütlichen gemeinsamen Abend gefreut. Dann werde ich heute abend die Wäsche wegbügeln."
4. „Ich bin in Eile", sagte die Frau.
5. „Geh nur, wir machen das schon", meinte der Sohn.
6. Der Mann fragte: „Wann kommst du nach Hause?"
7. Die Frau erwiderte: „Das kann ich jetzt nicht sagen."

Text 2

Das neue Ideal von Männlichkeit

Das Männlichkeitsideal hat sich in den letzten zehn, fünfzehn Jahren erheblich verändert. Ich erschrecke manchmal, wenn ich, oft bei ganz lächerlichen Anlässen, auf den Unterschied stoße, der sich heute schon zwischen einem Zwanzig- und einem Dreißigjährigen herausgebildet hat. So ein Anlaß ist, wenn ich einmal in eine Männerboutique gehe. Meistens gefallen mir die Sachen dort nicht. Man sieht ihnen sofort an, daß sie nicht alt werden können. Sie können keine Reparatur und auch keine Geschichte aushalten. Wenn mir aber doch einmal ein Pullover oder eine Jacke gefällt, stellt sich meistens heraus, daß sie mir zu klein sind. Als Siebzehn- und Achtzehnjähriger hatte ich ziemlich die gleiche Figur wie heute, und zu den Größten und Breitesten habe ich nie gehört. Wenn jetzt, wie mir der Verkäufer versichert, englische Samtjacken in meiner Größe und Breite überhaupt nicht lieferbar sind, dann frage ich mich, was ist mit den Figuren der Käufer passiert? Entweder läßt die Boutiquenindustrie eine ganze, in meiner Generation eher durchschnittliche Nummer aus, oder die heutigen Achtzehnjährigen sind schon irgendwie schmaler und dürrer als wir. In meiner (Schul-)Klasse, also Mitte bis Ende der fünfziger Jahre, wären die meisten Männer, die heute das Bild des jungen Mannes prägen[1], eher als Schwächlinge dagestanden. Man braucht nur die gedrungenen[2], trotzigen Gestalten von Marlon Brando und James Dean mit dem eher zarten und zerbrechlichen Image von Jim Morrison oder der Beatles zu vergleichen. Neulich sah ich einen alten Elvis-Presley-Film und war erstaunt, wie hart und teilweise unbeholfen mir seine Show erschien, die damals für uns einen Ausdruck körperlicher Befreiung darstellte. Er setzt tatsächlich den Körper eher wie ein Boxer ein, er schüttelt mit den Armen und Beinen unsichtbare Ketten ab, aber verglichen mit Mick Jagger wirken seine Exaltationen[3] äußerlich, die Musik geht nicht durch den Körper durch. Zehn Jahre später betreten schmalschultrige, langhaarige Kollektive die Bühne, und sie können zärtliche Lieder singen, ohne im mindesten schmierig zu wirken. Der männliche Anspruch, sich als stark und unverletzbar zu präsentieren[4], ist gelockert, die Haut ist dünner geworden.

(aus: Peter Schneider, *Die Sache mit der „Männlichkeit"*)

Wörterverzeichnis

[1] prägen   formen, bilden
[2] gedrungen   nicht sehr groß und ziemlich breit gebaut
[3] e Exaltation, -en   Überspanntheit, künstliche Erregung
[4] sich präsentieren   sich zeigen, sich darstellen

A. Fragen zum Textverständnis

1. Woran erkennt der Autor in einer Männerboutique die Veränderung des Männlichkeitsideals?
2. Welches Leitbild hatten seine Mitschüler im Unterschied zur heutigen Jugend?
3. Welcher Unterschied besteht zwischen den Popstars Ende der 50er Jahre und denen um 1970?

B. Weiterführende Fragen

1. Halten Sie diese Analyse des heutigen Männlichkeitsideals für zutreffend?
2. Gibt es Zusammenhänge zwischen den gewandelten Leitbildern und den modernen Rollenvorstellungen von Mann und Frau?
3. Begrüßen Sie die hier dargestellte Entwicklung?

C. Drücken Sie den Inhalt der folgenden Sätze mit Worten aus dem Text aus.

1. Als ich mich näher mit der heutigen Jugend beschäftigte, *fiel mir der* Unterschied *auf*, der zwischen den Idealen der jungen Menschen früher und heute besteht. (3)
2. Bei den modischen Textilien *merkt* man *gleich*, daß sie nicht lange halten werden. (6)
3. Bei der Anprobe *zeigte sich*, daß mir der Pullover zu eng war. (8)
4. Wenn ich nicht mitgemacht hätte, dann *hätte man mich* als Feigling *angesehen*. (18)
5. Er *bot* alle seine Kräfte *auf*, um die Tür aufzustemmen. (23 f)
6. Er kann vier Stunden auf der Bühne stehen *und wirkt dabei nicht* abgespannt. (27 f)

D. a) Setzen Sie die folgenden Sätze ins Präsens.
   b) Setzen Sie diese Sätze ins Perfekt.

Beispiel: Wir werden nicht weggehen.
   a) Wir gehen nicht weg.
   b) Wir sind nicht weggegangen.

1. Das Männlichkeitsideal wird sich verändern.
2. Ein deutlicher Unterschied wird sich herausbilden.
3. Die Sachen werden keine Reparatur aushalten.
4. Du wirst auf diesen Unterschied stoßen.
5. Was wird sich herausstellen?
6. Wir werden dieses Kapitel auslassen.
7. Sie wird ihn zu der neuen Moderichtung überreden.
8. Wann wird er ankommen?

Text 3

Was ist der Mann?

Es ist ganz gleichgültig, wie ein bestimmter Mann seinen Tag verbringt, eines hat er mit allen anderen gemeinsam: Er verbringt ihn auf eine demütigende[1] Weise. Und er tut es nicht für sich selbst, zur Erhaltung seines eigenen Lebens – dafür würde eine viel kleinere Anstrengung genügen (Männer legen ohnehin
5 keinen Wert auf Luxus) –, er tut es für andere, und er ist maßlos stolz darauf, daß er es für andere tut. Die Fotos seiner Frau und seiner Kinder stehen auf seinem Schreibtisch, er zeigt sie bei jeder Gelegenheit herum.

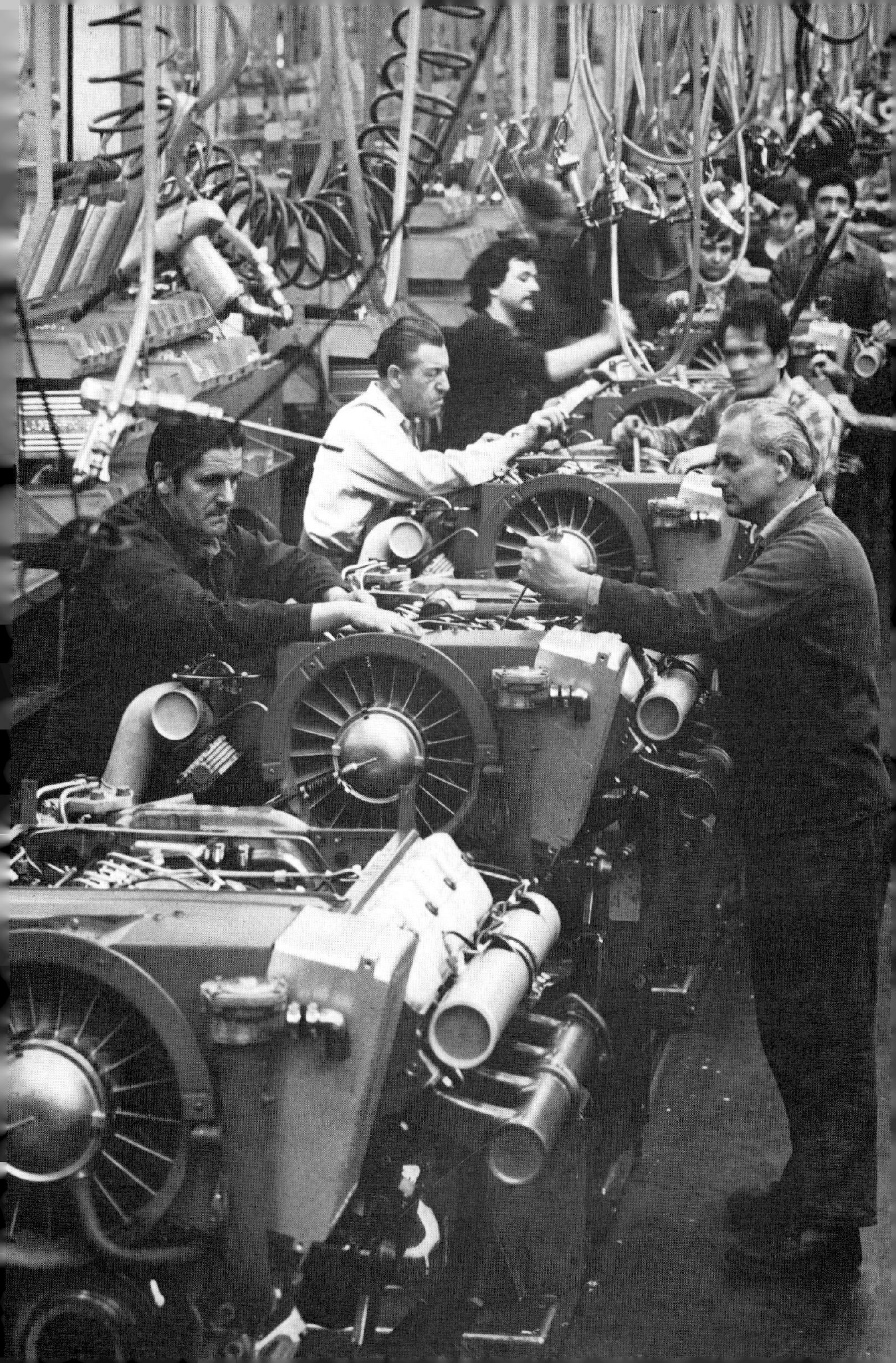

Was immer der Mann tut, wenn er arbeitet – ob er Zahlen tabelliert[2], Kranke heilt, einen Bus lenkt oder eine Firma leitet –, in jedem Augenblick ist er Teil eines gigantischen[3], unbarmherzigen Systems, das einzig und allein auf seine maximale Ausbeutung[4] angelegt ist, und er bleibt diesem System bis an sein Lebensende ausgeliefert.
Es mag interessant sein, Zahlen zu tabellieren und Summen mit anderen Summen zu vergleichen – aber wie lang? Ein ganzes Leben lang? Sicher nicht. Vielleicht ist es ein phantastisches Gefühl, einen Bus durch eine Stadt zu dirigieren, aber wenn es Tag für Tag der gleiche Bus auf der gleichen Strecke in der gleichen Stadt ist, jahrein, jahraus? Und bestimmt ist es erregend, Macht über die vielen Menschen einer großen Firma zu haben. Aber wie, wenn man herausfindet, daß man eigentlich eher ihr Gefangener ist als ihr Beherrscher?
Die Spiele, die wir als Kinder spielten – spielen wir die auch heute noch? Natürlich nicht. Und auch als Kinder haben wir nicht immer das gleiche Spiel gespielt, wir spielten es genau so lang, wie es uns gefiel. Der Mann aber ist wie ein Kind, das ewig das gleiche Spiel spielen muß. Der Grund ist offensichtlich: Sobald er für eines seiner Spiele mehr gelobt wird als für andere, spezialisiert er sich später darauf und bleibt, weil er dafür „begabt" ist und damit am meisten Geld verdienen kann, ein Leben lang dazu verdammt. Wenn er in der Schule gut in Rechnen war, wird er sein Leben mit Rechnen verbringen – als Buchhalter, Mathematiker, Programmierer –, denn dort liegt sein Leistungsmaximum. Er wird rechnen, Zahlen tabellieren, Maschinen bedienen, die Zahlen tabellieren, aber er wird niemals sagen können: „Jetzt habe ich genug, mir reicht's, ich suche mir etwas anderes." Die Frau, die ihn ausbeutet, wird nicht erlauben, daß er sich wirklich etwas anderes sucht. Er wird vielleicht, angespornt[5] durch diese Frau, in der Hierarchie[6] der Zahlentabellierer in mörderischen Kämpfen aufsteigen, es zum Prokuristen[7] oder zum Bankdirektor bringen. Aber ist der Preis, den er für sein Gehalt zahlt, nicht ein bißchen zu hoch?
Nein, es ist kaum anzunehmen, daß die Männer, was sie tun, gern und ohne den Wunsch nach Abwechslung tun. Sie tun es, weil sie dafür dressiert werden: Ihr ganzes Leben ist nichts als eine trostlose Folge von Dressurkunststückchen. Ein Mann, der diese Kunststückchen nicht mehr beherrscht, der weniger Geld verdient, hat „versagt" und verliert alles: seine Frau, seine Familie, sein Heim, den Sinn seines Lebens – jedwede Geborgenheit.
(aus: Esther Vilar, *Der dressierte Mann*)

Wörterverzeichnis

[1] demütigen   erniedrigen, jmdn. in seiner Ehre verletzen
[2] tabellieren   in einer Liste zusammenstellen

³ gigantisch riesig, sehr groß
⁴ e Ausbeutung Ausnutzung zum eigenen Vorteil
⁵ anspornen Antrieb geben
⁶ e Hierarchie, -n Rangordnung
⁷ r Prokurist, -en, -en Handlungsbevollmächtigter in einer Firma

A. Fragen zum Textverständnis

1. Mit welcher Begründung behauptet die Autorin, die Männer verbrächten ihre Tage auf eine demütigende Weise?
2. Welche Argumente gibt sie für ihre Behauptung an, der Mann würde ausgebeutet?
3. Warum sind angeblich die Spiele der Kinder reizvoller als die Berufsarbeit des Mannes?
4. Was veranlaßt, laut Esther Vilar, den Mann zur Ausübung der stets gleichen Tätigkeit?
5. Welche einseitige Entwicklung nimmt sein berufliches Leben?
6. Auf welche Ursache führt die Autorin es zurück, daß die Männer ein so eintöniges Leben führen?

B. Weiterführende Fragen

1. Esther Vilar gibt an, sie habe ihr Buch in provozierender Absicht geschrieben. Wo fühlen Sie sich in dem hier abgedruckten Text zum Widerspruch herausgefordert; worin stimmen Sie der Verfasserin zu?
2. Gibt es in dem Gesellschaftssystem, in dem Sie leben, Bereiche, in denen die Frau Vorteile gegenüber dem Mann genießt?
3. Halten Sie eine Angleichung des Rollenverhaltens von Mann und Frau für wünschenswert?

C. Bilden Sie Sätze unter Verwendung der angegebenen Ausdrücke.

1. schwere körperliche Arbeit – seinen Tag verbringen
2. Erhaltung der Familie – seine Arbeitskraft einsetzen
3. sein Lebensende – einem System ausgeliefert sein
4. großer Bedarf auf diesem Gebiet – sich auf Elektronik spezialisieren
5. eindrucksvolle Leistungskraft – es zum Bankdirektor bringen
6. Wunsch nach Abwechslung – seinem Beruf nachgehen

D. Verwandeln Sie Nominalausdrücke in Nebensätze mit „daß".

Beispiel: Der Mann ist stolz auf seinen beruflichen Erfolg.
Lösung: Der Mann ist stolz darauf, daß er beruflich erfolgreich ist.
1. Der Mann stellt seine Benachteiligung gegenüber der Frau fest.
2. Die Frau erlaubt ihm die Suche nach einer anderen Beschäftigung nicht.
3. Die Täuschung der Männer über ihre Lage ist interessant zu beobachten.
4. Die Arbeit des Mannes zielt auf beruflichen Aufstieg ab.
5. Herrn Müller liegt nichts an einer Berufstätigkeit seiner Frau.
6. Er erhebt keinen Anspruch auf ihre Hilfe.

Text 4

Nach einer Biografie befragt

Sehr früh war noch so was wie Gefühl erlaubt – weinen dürfen (am Rockzipfel)[1]; lieben dürfen und es sagen; Trost verlangen und erhalten.

Das war Kindheit, die mit dem Satz endete: „Du bist doch ein Junge."

„Doch": das entscheidende Wort gegen Schmerzen, obwohl sie nicht vergingen
5 davon. Nicht weinen, du bist doch ein Junge.

Damit ging's los, die Richtung war klar.

Zähne zusammenbeißen, später kam das Ärmelaufkrempeln[2] hinzu, und selbst das böse Wort von der „Überwindung des inneren Schweinehunds"[3] war Teil der Mannwerdung. Hatte mich ausgerichtet:
10 Angetreten nach Körpergröße, erwählt in der Sportstunde nach Körperkraft. Durchsetzungsvermögen gleich Stärke, Rücksicht gleich Schwäche. Empfindung ist weibisch.

Die „Muttersöhnchen"[4] in der Klasse schwiegen – und wir wußten nicht, warum.

Die Signale saßen sicher: andere Jungen verhielten sich ebenso – das also war
15 normal.

Mutprobe: wer nicht von zweieinhalb Metern auf die Matte heruntersprang, galt beim Sportlehrer als Pflaume: etwas Weiches; weich gleich weiblich; weiblich gleich weibisch. Keiner wollte Pflaume sein. Ein Mann steht seinen Mann. – Ein Mann handelt allein oder als bester seiner Gruppe.

20 Filme verstärkten die Signale: Männer retten Frauen, Frauen fragen Männer um Rat.

Ich wollte um Rat gefragt werden, im Traum Frauen retten und mit ihrer Liebe dafür belohnt werden. Die Ahnung, daß ich Liebe mit Leistung bezahlen muß; das Mißtrauen gegenüber Liebe, die keine Leistung fordert.

Zusatzerwartungen:
Gestehe nie ein, daß dich etwas verletzen könnte; bist du traurig, dann werde gefälligst allein damit fertig; hast du Angst, verbirg sie; entdeckst du deine Sexualität, sprich höchstens mit Klassenkameraden darüber.

Die Verantwortlichkeit für dich selber macht Spaß. In Ordnung. Dann aber die Entdeckung, daß ich eigentlich für alles verantwortlich bin – dafür, daß die Welt intakt[5] bleibt. Männer machten Krieg in Korea. Mutter kauft Zucker. Männer verteidigten – wie hieß das gleich? – unsere Freiheit. Mutter kauft Reis. Die von Männern verteidigte Freiheit, der von Frauen gekochte Milchreis mit Zucker und Zimt.

Längst hatte ich – Weihnachtsglück – Hammer und Zange in die Hand bekommen; ich gab mein Einverständnis, für die Wiederherstellung der beschädigten Umwelt verantwortlich zu sein.

(von: Gert Heidenreich. – aus: *Vorgänge,* Heft 1/1976)

Wörterverzeichnis

[1] am Rockzipfel	gemeint ist: bei der Mutter
[2] aufkrempeln	mehrmals umschlagen
[3] r innere Schweinehund (ugs.)	Angst
[4] s Muttersöhnchen	ein Junge, der stark an seiner Mutter hängt
[5] intakt	in Ordnung, heil

A. Fragen zum Textverständnis

1. Welche Gefühlsäußerungen erlaubt unsere Gesellschaft kleinen Kindern im Unterschied zu größeren Jungen?
2. Welche Eigenschaften werden von den heranwachsenden Jugendlichen gefordert?
3. Was gilt als unmännlich?
4. Welches Verhältnis zwischen Männern und Frauen gilt als vorbildlich?
5. Wie soll sich der Mann seinen Empfindungen gegenüber verhalten?
6. Welchen Verantwortungsbereich ordnet die konventionelle Gesellschaftsauffassung dem Mann zu, welchen der Frau?

B. Weiterführende Fragen

1. Wie läßt sich die unterschiedliche Rollenverteilung für die Geschlechter historisch erklären?
2. Ist die in dem Text wiedergegebene Rollenerwartung für Mann und Frau noch zeitgemäß?
3. Welche Änderungen würden Sie vorschlagen?

C. Drücken Sie den Inhalt der folgenden Sätze mit Worten aus dem Text aus.

1. Damit *begann es*. (6)
2. Zu Beginn der Sportstunde müssen *sich* die Schüler nach der Körpergröße *aufstellen*. (10)
3. Wer nicht vom 3-m-Turm ins Wasser sprang, *wurde von* seinen Mitschülern als *Schwächling angesehen*. (17)
4. Er *bewährte sich* in dieser kritischen Situation. (18)
5. Ich *holte den Rat* meiner Freunde *ein*. (22)
6. Diese schwierige Lage konnte ich nicht allein *bewältigen*. (27)
7. Der Lokomotivführer war *unschuldig am* Versagen der Bremsen. (30)

D. Der Autor des hier besprochenen Textes beschränkt sich gelegentlich auf Satzbruchstücke. Bilden Sie an deren Stelle vollständige Sätze.

Beispiel: weinen dürfen (1)
Lösung: Als Kind durfte ich noch weinen.

1. lieben dürfen und es sagen (2)
2. Zähne zusammenbeißen (7)
3. erwählt in der Sportstunde nach Körperkraft (10)
4. Durchsetzungsvermögen gleich Stärke (11)
5. die Ahnung, daß ich Liebe mit Leistung bezahlen muß (23)
6. das Mißtrauen gegenüber Liebe, die keine Leistung fordert (24).

Der alternde Mensch

Text 1

Gebraucht-Menschen

In den Teilen der Welt, die wir „unterentwickelt"[1] nennen, werden alte Menschen für weise, erfahren, würdig gehalten und ganz besonders verehrt, weil man annimmt, daß sie über niedrige und kurzfristige Leidenschaften erhaben sind und im Feuer der Jahrzehnte bewährtes[2], tieferes Wissen zu vermitteln vermögen. In den Industrieländern gelten sie wenig. Man mißt bei Menschen wie bei Waren das Alte am Neuen. Zukunft zu haben, wird an der Prestigebörse[3] um ein Vielfaches höher bewertet, als Vergangenheit zu haben. Die größte und mit allen teuren Mitteln der Kosmetik herbei-suggerierte[4] Liebenswürdigkeit, die man einer Dame oder sogar manchen Herren über 25 bieten kann, ist die Behauptung, man hielte sie für jünger, als sie sind, sie vermöchten also ihre Mitmenschen erfolgreich über die Schande ihres wahren Alters zu täuschen.
Medizin, Hygiene und gesündere Ernährung haben die durchschnittliche Lebenserwartung gegenüber dem letzten Jahrhundert um ein Drittel erhöht und es zuwege gebracht, daß die meisten Menschen bis 70, 75 und länger körperlich und geistig gesund bleiben, Sport treiben, das Leben genießen können, sofern nicht seelische Krisen sie vorzeitig schachmatt setzen. Dennoch ist das Altern eine Tatsache, deren sich der Ältere schämt und deretwegen seine Mitmenschen ihn bemitleiden: ein durchaus peinliches, wenn auch vorläufig unbesiegtes Übel, von dem man lieber nicht spricht.
Aus dem Mitleid mit den Älteren und Alten erwächst bedeutende materielle Hilfe, teils karitativer[5] Art, teils institutionell[6] und gesetzlich verankert – jeder Jüngere weiß ja, daß die Pensionskasse und die Altersversicherung, zu denen er heute seinen Beitrag leistet, eines Tages auch ihm zugute kommen. Diese Einsicht und ein gegenüber früher stärker entwickeltes soziales Denken[7] haben in den meisten Industrieländern einen erfreulichen Ausbau der Altersvorsorge und -fürsorge bewirkt.
Aber so wichtig das liebe Geld leider ist – auch ältere Menschen leben nicht vom Brot allein. Die mangelnde Achtung vor Menschen, die nicht mehr neu und nützlich sind, läßt sich nicht durch einen Scheck ersetzen, ja das Geld selbst, wenn es bloß aus Mitleid und Wohltätigkeit kommt, demütigt. Das Altersproblem in den wirtschaftlich entwickelten Ländern ist nur zum Teil materieller Art, zum größe-

ren Teil aber ist es ein psychologisches Problem des Rollenverlustes[8]. Wer es erlebt, von seiner menschlichen Umgebung wie ein Gebrauchtwagen eingeschätzt zu werden – nicht mehr modern, viele Reparaturen, sinkende Leistung und abnehmender wirtschaftlicher Wert, demnächst zur Verschrottung[9] fällig –, der vermag bald selber an sich nicht mehr zu glauben. Auch in einer Rente[10] und in der Hilfe einer Krankenversicherung für die „Reparaturen" kann er den Sinn seines Lebens nicht finden, wenn er ihn mit der beruflichen Rolle verloren hat.

(aus: Lorenz Stucki, *Lob der schöpferischen Faulheit*)

Wörterverzeichnis

[1] unterentwickelte Länder — auch „Entwicklungsländer" genannte Gebiete mit geringer Technisierung
[2] sich bewähren — sich als geeignet erweisen
[3] s Prestige, -s, o.pl. — das Ansehen
  e Börse — Gebäude, in dem Wertpapiere gehandelt werden (hier metaphorisch)
[4] suggerieren — seelisch beeinflussen, einreden
[5] karitativ — wohltätig
[6] institutionell verankert — durch staatliche Einrichtungen geregelt
[7] soziales Denken — Rücksichtnahme auf die wirtschaftlich Schwächeren
[8] e Rolle, -n — Aufgabe, die jmd. in der Gesellschaft verwirklicht
[9] e Verschrottung — das Altmetall aus einem unbrauchbar gewordenen Gegenstand verwerten
[10] e Rente, -n — Einkommen aus einer Altersversicherung

A. Fragen zum Textverständnis

1. Welche Stellung nehmen alte Menschen in den nicht-industrialisierten Ländern ein? Warum ist das so?
2. Welche Wertmaßstäbe gelten demgegenüber bei den Industrienationen?
3. Welchen Einfluß haben die Erkenntnisse der modernen Wissenschaft auf die Lebenserwartung?
4. Wie ist die Altersfürsorge in den entwickelten Ländern organisiert? Warum ist das so?
5. Warum ist die Lage der älteren Leute trotz ihrer sozialen Sicherung unbefriedigend?

B. Weiterführende Fragen

1. Welche Rolle spielen die alten Menschen in Ihrem Land? Wie wird für sie gesorgt?
2. Können Sie noch weitere Wesenszüge der Industriegesellschaft nennen, welche der Wertschätzung des Alters abträglich sind?
3. Sehen Sie auch in den wirtschaftlich entwickelten Ländern Möglichkeiten, den Alten wieder Ansehen und Selbstachtung zu verschaffen?

C. Drücken Sie den Inhalt der folgenden Sätze mit Worten aus dem Text aus.

1. Die Inder *glauben, daß* betagte Menschen weise und ehrwürdig sind. (2)
2. Man darf Herberts Leistungen nicht *mit* denen seines Bruders *vergleichen.* (5 f)
3. Die Automation hat *bewirkt,* daß viele Betriebe rationeller arbeiten können. (14)
4. Er *war verlegen* wegen seines Mißerfolges. (17)
5. Der berufliche Erfolg des Vaters *brachte* seiner ganzen Familie *Nutzen.* (23)
6. Wer kein Ansehen bei den Mitmenschen hat, *kann sich selbst nicht mehr achten.* (36)

D. Verwandeln Sie die kursiv gedruckte Nominalphrase in einen Nebensatz (mit den Konjunktionen: damit, obwohl, weil, wenn).

1. Alte Menschen werden *wegen ihrer großen Lebenserfahrung* oft um Rat gefragt.
2. *Außer in Notfällen* sollte man nachts keinen Arzt herbeirufen.
3. *Im Krankheitsfalle* werden die Rentner von ihrer Versicherung betreut.
4. *Bei Verlust der beruflichen Rolle* können sie allerdings auch in einer Rente nicht den Sinn des Lebens finden.
5. *Trotz der staatlichen Fürsorge* ist das Problem der alten Menschen ungelöst.
6. Es muß noch viel *zur Besserung der Lage der Rentner und Pensionäre* getan werden.

Text 2

Ruhesitz mit Komfort

Eine halbe Stunde von Hamburg entfernt liegt Bad Bramstedt, das größte Rheuma-Heilbad der Bundesrepublik, eine freundliche Stadt in der grünen Landschaft Schleswig-Holsteins. Zwischen Markt und Kuranlagen, in einer 70 000 qm großen, parkähnlichen Anlage mit altem Baumbestand liegt das

„Haus Köhlerhof". Da Komfort und „Versorgung" nicht allein entscheidend sind, sondern vor allem die Atmosphäre eines Hauses, wurde hier ein neues Konzept[1] verwirklicht: die Verbindung eines Ruhesitz-Appartement[2]-Hauses mit modernem Hotel.
Der Köhlerhof verwöhnt. In diesem Haus ist man schnell zu Hause. Man fühlt sich wohl – ohne Vorbehalt. Und geborgen[3] – ohne Enge. Die Einrichtung ist solide und durchdacht: Der Köhlerhof ist ideal für die Älteren, weil es hier Sicherheit mit Komfort und Gemütlichkeit für den behaglichen[4] Lebensabend gibt. Reizvoll auch für die Jüngeren, weil sie individuelles Wohnvergnügen vorfinden.
Schwimmbad, Gymnastik- und Trimm-dich[5]-Räume, Massagen, Sauna, Solarium[6], medizinische Bäder, Hobby[7]- und Freizeit-Haus, Bibliothek, Dachgarten, Reinigungsdienst für Wäsche und Wohnung, geräumige Tiefgarage mit direktem Zugang zum Aufzug. Das Haus steht unter ärztlicher Betreuung. Hauseigene Krankenschwestern stehen zur Verfügung.
„Haus Köhlerhof" ist Mitglied im Bundesverband privater Alten- und Pflegeheime e. V.
Der Mensch braucht Leben um sich herum. Er braucht die Begegnung, das Gespräch. Er braucht Anregung und Abwechslung. Im „Haus Köhlerhof" finden sich viele Vorzüge, die den Umzug in einen Ruhesitz leicht, ja verlockend machen: die großzügige Architektur, der Komfort der Wohnungen, die eigenen Terrassen, die individuelle Betreuung, der besondere Charakter des Hauses.

(aus: *Deutsches Allgemeines Sonntagsblatt* vom 25. 4. 1976)

Wörterverzeichnis

[1] s Konzept, -s, -e	Plan, Programm
[2] s Appartement, -s, -s	komfortable Kleinwohnung
[3] (sich) geborgen (fühlen)	beschützt, sicher
[4] behaglich	bequem, angenehm
[5] sich trimmen	sich durch sportliche Übungen gesund erhalten
[6] s Solarium, -s, Solarien	Raum, in dem man seinen Körper ultravioletter Strahlung aussetzen kann
[7] s Hobby, -s, -s	Freizeitbeschäftigung, Liebhaberei

A. Fragen zum Textverständnis

1. Welchen Zweck verfolgt der Autor dieses Textes?
2. Welche Wunschvorstellungen des heutigen Bürgers eines Industriestaates für die Gestaltung seines Alters kann man dem Text entnehmen?

3. Welche Aspekte, die wir von einem objektiven Bericht erwarten würden, fehlen in diesem Text?

B. Weiterführende Fragen

1. Würden Sie älteren Menschen aus Ihrem Verwandtenkreis empfehlen, in ein Altersheim des Typs „Köhlerhof" überzusiedeln?
2. Welche Alternativen zu einer sinnvollen Gestaltung des Lebensabends sind denkbar?

C. Bilden Sie zu den folgenden Verben das dazugehörige Substantiv.

Beispiel: liegen – *Lösung:* Lage

bestehen, versorgen, fühlen, denken, geben, reizen, vergnügen, waschen, gehen, aufziehen, leben, sprechen, vorziehen

D. Verwandeln Sie die folgenden Sätze ins Passiv.

1. Im „Haus Köhlerhof" verwirklichte man ein neues Konzept.
2. Hier verband man ein Appartement-Haus mit einem modernen Hotel.
3. Im Köhlerhof hat man schon immer die Gäste verwöhnt.
4. Man bietet den Alten einen behaglichen Lebensabend.
5. Man wird Sie im „Köhlerhof" individuell betreuen.

Text 3

Frieden ist die Hölle

Manche Fachleute glauben, daß Alterssiedlungen zur Lösung der psychologisch-sozialen Probleme der Betagten[1] beitragen. So kommt z. B. der Bericht der schweizerischen „Stiftung[2] für das Alter" über die Altersfragen in der Schweiz (1972) zum Ergebnis: „Die Erfahrungen an Orten, wo Alterssiedlungen bereits seit Jahren bestehen, sind derart günstig, daß wohl für jeden Ort mit über rund 5000 Einwohnern der Bau einer Siedlung für Betagte empfohlen werden kann." Die Autoren ebenso wie andere Befürworter in verschiedenen Ländern möchten den älteren Leuten die Reibung mit der überdynamischen[3] Umwelt ersparen, die sie mit Geringschätzung und wenig Rücksicht behandelt.
Aber die Mehrheit der Sozialpsychologen und Gerontologen[5] widerspricht. „Frieden ist die Hölle" lautet die Schlagzeile eines Plakats in der New Yorker

Grundgesetz Art. 3 Abs. 3 — Eine Information der Bundesanstalt für Arbeit

„Niemand darf wegen seines Geschlechtes, seiner Abstammung, seiner Rasse, seiner Sprache, seiner Heimat und Herkunft, seines Glaubens, seiner religiösen oder politischen Anschauungen benachteiligt ...werden."

Aber wegen seines Alters?

Es stimmt leider: wer älter ist, ist oft auch stärker von Arbeitslosigkeit bedroht.

Wird in einem Betrieb rationalisiert oder umorganisiert, trifft das in vielen Fällen die älteren Mitarbeiter – sie werden entlassen. In Stellenanzeigen sind Altersgrenzen keine Seltenheit.

Dahinter steht die Auffassung, beim älteren Menschen sinke die Leistungsfähigkeit ab – er sei nicht mehr genügend produktiv.

Aber Wissenschaftler haben jetzt bewiesen: Die Leistungsfähigkeit älterer Mitarbeiter nimmt nicht ab. Sie wandelt sich. Körperliche Kraft kann nachlassen – Intelligenz, Aufmerksamkeit und bestimmte produktive Fähigkeiten bleiben auch im höheren Lebensalter konstant. In vielen Fällen – besonders wo es um Sorgfalt, Erfahrung und Zuverlässigkeit geht – ist der ältere Mitarbeiter kaum zu ersetzen. Er darf vom Arbeitsleben nicht ausgeschlossen werden. Das fordert unsere soziale Verantwortung – das fordert die volkswirtschaftliche Vernunft!

Die Bundesanstalt für Arbeit bietet älteren Arbeitnehmern und ihren Arbeitgebern gezielte, auf den Einzelfall abgestimmte Hilfen an: Jedes Arbeitsamt gibt gern nähere Auskunft.

Unser Angebot. Damit Können, Erfahrung und Zuverlässigkeit nicht arbeitslos werden.

Arbeitsberatung + Arbeitsvermittlung
Kostenübernahme für Bewerbungen, Vorstellungen, Arbeitsausrüstung
Überbrückungsbeihilfen
Finanzielle Förderung von Fortbildung und Umschulung

für Arbeitnehmer

Arbeitsberatung + Arbeitsvermittlung
Eingliederungsbeihilfen
Einarbeitungszuschüsse
Zuschüsse oder Darlehen zur Schaffung von Arbeitsplätzen für ältere Arbeitnehmer

für Arbeitgeber

gut beraten Arbeitsamt

Untergrundbahn. Es zeigt einen älteren Mann, der gelangweilt mit einer Zeitung auf den Treppenstufen vor einem schäbigen[6] Hause sitzt, flankiert[7] von Abfallkübeln. Das Plakat meint den erzwungenen Frieden von Menschen, die noch aktiv sein möchten, und bietet die Vermittlung von Teilzeitarbeit an.
Und so argumentieren die Gegner der Alters-„Ghettos"[8]: der „Friede" auf einer vom Leben abgeschirmten „Altersinsel" mag wohl subjektiv für viele verlockend sein, aber er bedeutet die endgültige Kapitulation vor der Aufgabe, sich in einer lebendigen Gemeinschaft mit all ihren Problemen zu behaupten und darin eine sinnvolle eigene Funktion zu finden und zu behalten. Es ist, mit anderen Worten, der Friede des Ausrangierten[9], der Rückzug in die Resignation.
Ältere Leute sollten, solange sie nicht im eigentlichen Sinne pflegebedürftig sind, in Alterswohnungen leben, die in normale gemischte Siedlungen eingestreut sind, klein, praktisch und ohne Türschwellen. Man hat zwar nun allgemein eingesehen, daß es falsch war, Altersheime an abgelegenen Orten am Stadtrand zu bauen, wo die Bewohner sich aus dem Leben ausgestoßen fühlen und, vom Wirtshaus, Kino, Einkaufszentrum und Bekanntenkreis abgeschnitten, nur mehr ihren Gebrechen[10] leben können. Doch noch sinnwidriger ist es, Menschen zu isolieren, die kein Pflegeheim brauchen, wohl aber, um seelisch gesund zu bleiben, die aktive oder zuschauende Teilnahme an der Gemeinschaft und die Auseinandersetzung mit ihren Anforderungen.

(aus: Lorenz Stucki, *Lob der schöpferischen Faulheit*)

Wörterverzeichnis

[1] betagt	alt (gehobene Sprache)
[2] e Stiftung, -en	eine gemeinnützige Einrichtung, die durch private Gelder finanziert wird
[3] dynamisch	kraftvoll tätig
[4] r Sozialpsychologe, -n, -n	er untersucht die Wechselwirkungen zwischen dem Fühlen und Verhalten des einzelnen und seiner gesellschaftlichen Umgebung
[5] r Gerontologe, -n, -n	er befaßt sich mit den Alterungsvorgängen im menschlichen Körper
[6] schäbig	ärmlich und ungepflegt
[7] flankieren	seitlich umgeben
[8] s Ghetto (auch Getto), -s, -s	abgesperrter Stadtteil, in dem die Juden lebten (hier metaphorisch)
[9] ausrangieren	etwas Altes, nicht mehr Gebrauchtes wegwerfen, ausscheiden
[10] s Gebrechen, -s, -	dauernder Schaden der Gesundheit

A. Fragen zum Textverständnis

1. Was sind „Alterssiedlungen"?
2. Welche Argumente werden für ihre Errichtung vorgebracht?
3. Worauf beruht die Wirkung des Plakates „Frieden ist die Hölle"?
4. Welche Warnungen vor den Alterssiedlungen werden geäußert?
5. Welche Lebensform für Betagte schlagen die Gettogegner vor? Mit welcher Begründung?
6. Welche Personengruppe sollte auf jeden Fall in Heimen untergebracht werden?

B. Weiterführende Fragen

1. Wie gestaltet sich in Ihrem Land das Leben im Alter normalerweise?
2. Was halten Sie von den Alterssiedlungen?
3. Halten Sie den Plan der „verstreuten Alterswohnungen" für zweckentsprechend?
4. Vergleichen Sie die kritische Haltung dieses Textes gegenüber Altersheimen mit der anpreisenden Darstellungsweise des zweiten Textes.

C. Drücken Sie den Inhalt der folgenden Sätze mit Worten aus dem Text aus.

1. Die Regierung legte einen Gesetzesantrag vor, mit dem sie *mithelfen* will, die Probleme der alleinstehenden Frauen *zu lösen*. (1 f)
2. Eine Untersuchung durch den zuständigen Parlamentsausschuß *gelangte zu* folgendem *Schluß* ... (2 ff)
3. Leider *begegnen* Einheimische den Gastarbeitern oft *mit Herablassung*. (9)
4. Wie *heißt* die Schlagzeile zu diesem Zeitungsartikel? (11)
5. Wenn du jetzt nicht energisch arbeitest, dann *heißt das* doch, du *kapitulierst vor* den Anforderungen des Examens. (18)
6. Wer in einem Altersheim wohnt, *gewinnt oft den Eindruck, er lebt isoliert.* (26)

D. Bilden Sie sinnentsprechende irreale Bedingungssätze zu den folgenden Aussagesätzen.

Beispiel: Nicht alle alten Menschen werden von ihren Kindern betreut; deshalb sind Altersheime nötig.

Lösung: Wenn alle alten Menschen von ihren Kindern betreut würden, wären keine Altersheime nötig.

1. Nicht jeder Ort über 5000 Einwohner hat eine Alterssiedlung; deshalb können viele Probleme der älteren Generation nicht gelöst werden.
2. Unsere Welt hat sich in den letzten dreißig Jahren stark verändert; deshalb sind viele Probleme einer richtigen Altersversorgung entstanden.
3. Die Berufstätigen sichern den Lebensunterhalt der Rentner; deshalb brauchen alte Leute keine Not zu leiden.
4. Man sieht heute ein, daß die Betagten mitten unter den Jüngeren leben müssen; deshalb brauchen die Alten nicht zu resignieren.
5. Die Großeltern sind in das Familienleben einbezogen; deshalb fühlen sie sich nicht isoliert.
6. Durch die Sozialgesetzgebung wurde für das Alter vorgesorgt; deshalb sehen die Bürger ihrem Lebensabend ohne Sorge entgegen.

Text 4

Junge Männer helfen alten Menschen

Daß Frau Riemer, 64 Jahre alt und Rentnerin, trotz ihres schlechten Gesundheitszustandes weiter in ihrer Wohnung leben kann, hat sie einer besonderen Einrichtung zu verdanken: Wenn sie bettlägerig[1] ist, ruft sie die Altenfürsorge der Hansestadt[2] Hamburg an. Sie kann sicher sein, daß nach kurzer Zeit bereits ein junger Mann auftaucht, der nicht nur die Einkäufe für sie besorgt, sondern auch die Wohnung putzt. Was sie jedoch an diesem Besuch besonders schätzt, das ist die Möglichkeit, sich einmal wieder aussprechen zu können.
Viele Frauen, Männer und Ehepaare in Hamburg bedienen sich dieser Einrichtung des Zivildienstes[3], der vor zwei Jahren eingeführt wurde, und zwar als erster Modellversuch in der Bundesrepublik. Die Zivildienstleistenden – der Sozialbehörde[4] stehen insgesamt knapp hundert zur Verfügung – sind längst „Mädchen für alles" geworden. Sie helfen beim Säubern der Wohnung, putzen die Fenster, kaufen ein, klopfen die Teppiche, erledigen Post- und Behördengänge und helfen bei der Zubereitung der Mahlzeiten.
Allein im Jahr 1975 haben die Zivildienstleistenden in Hamburg 79 247 Einsätze[5] durchgeführt, wobei die Schwerpunkte in der häuslichen Pflege und bei Hilfen im Haushalt lagen und sich teils nur auf wenige Stunden, manchmal auch über einen längeren Zeitraum hinweg erstreckten. Steht bei einem Anruf einmal kein Helfer zur Verfügung – sie warten in der Behörde auf ihren Einsatz – dann gibt es für dringende Fälle noch eine Art „Feuerwehr", die die Tätigkeit übernimmt. Alles eine Frage der Organisation, meint man bei der Sozialbehörde.

Im übrigen gibt es nicht nur die Arbeit im Haushalt. So ist beispielsweise ein Zivildienstleistender in einer Hamburger Bücherhalle beschäftigt, wo er zweihundert alte Menschen bei der Auswahl von Büchern berät und ihnen auch neue Bücher ins Haus bringt. Ein anderer junger Mann betreut Gehörlose. Wieder andere helfen Körperbehinderten und psychisch Kranken.

Die Zivildienstleistenden werden auf ihre Tätigkeit durch Kurse vorbereitet. Neben direkter Einweisung[6] am Arbeitsplatz werden Lehrgänge in der Altenpflegeschule durchgeführt mit Themen wie „Umgang mit Kranken", „Praktische Hilfe am Krankenbett", „Einfühlung in die Probleme des Alters", „Gesprächsführung mit alten Leuten".

Die Kosten für die Beschäftigung der Zivildienstleistenden trägt die Arbeits- und Sozialbehörde der Hansestadt. Das übernimmt die Behörde gerne. Denn während ein Heimplatz mit monatlich rund 1100 DM zu Buche schlägt[7], wobei natürlich die Rente diese Ausgabe herabsetzt, kostet der Zivildienstleistende das ganze Jahr nur etwa 4000 DM!

(aus: *Der Fränkische Tag* vom 6. 6. 1976)

Zivildienstleistende helfen alten, behinderten Menschen

Wörterverzeichnis

1 bettlägerig — durch Krankheit gezwungen, im Bett zu liegen
2 e Hanse, o.pl. — wirtschaftlich motivierter Städtebund im Mittelalter, heute als schmückender Beiname verwendet
3 r Zivildienst, -es, o.pl. — nichtmilitärischer Ersatzdienst für wehrpflichtige Kriegsdienstverweigerer
4 e Sozialbehörde, -n — öffentliche Einrichtung zur Fürsorge für bedürftige Bürger
5 r Einsatz, -es, ⸚e — einzelne Arbeitsleistung
6 e Einweisung, -en — Erläuterung des Ablaufs einer Tätigkeit
7 zu Buche schlagen — kosten

A. Fragen zum Textverständnis

1. Welche Vorteile hat Frau Riemer durch den Zivildienst?
2. Was bedeutet die Feststellung, die Zivildienstleistenden seien „Mädchen für alles" geworden?
3. Wie ist der Einsatz dieser jungen Männer organisiert?
4. Welche Arbeiten – außer der Haushaltshilfe – verrichten sie noch?
5. Wie werden die jungen Helfer auf ihre Arbeit vorbereitet?
6. Warum ist dieses Hamburger Modell für die Stadtverwaltung kostengünstig?

B. Weiterführende Fragen

1. Vergleichen Sie die hier geschilderte Form der Altenfürsorge mit den in den vergangenen Texten genannten. Welche ist die beste?
2. Ist die Altenfürsorge den jugendlichen Wehrdienstverweigerern überhaupt zuzumuten? Oder glauben Sie, daß sie sogar eine Bereicherung ihres Lebens darstellt?
3. Worauf muß ein junger Mensch beim Umgang mit alten Leuten besonders achten?

C. Drücken Sie den Inhalt der folgenden Sätze mit Worten aus dem Text aus.

1. Die Jugend übersieht es heute oft, was sie der älteren Generation *schuldig ist*. (3)
2. *In den* Altenpflegeheimen *werden* heute moderne technische Einrichtungen *benutzt*. (8)
3. Sein Aufenthalt in Afghanistan *zog sich über eine* längere *Zeitspanne hin*. (18)

4. Der Assistent in der germanistischen Abteilung *gibt* den Studenten *Ratschläge, welche Bücher sie lesen sollen.* (25)
5. Das Rote Kreuz *veranstaltet* einen Lehrgang in Erster Hilfe. (30)
6. Ein Platz in einem Pflegeheim ist teuer. Wer *bezahlt ihn*? (33)

D. Setzen Sie den richtigen Artikel ein, wo nötig; ergänzen Sie ggf. die Endungen.

1. ..... Frau Reimers ist ..... Rentnerin und wohnt in ..... Hamburg, in ..... Maxstraße 42.
2. Wenn sie krank ist, ruft sie ..... Sozialamt ..... Hansestadt Hamburg an und bittet darum, ihr ..... Zivildienstleistenden zu schicken.
3. Schon nach ..... kurz... Zeit kommt ..... jung... Mann, der ..... all... Nötige erledigt.
4. ..... viele... Hamburger sind stolz, daß sie als ..... erste Stadt in ..... Bundesrepublik ..... solche soziale Einrichtung haben.
5. ..... hundert Zivildienstleistenden, welche ..... Sozialbehörde zu... Verfügung stehen, sind fast ständig (in) Einsatz.
6. Falls bei ..... Anruf einmal alle Helfer unterwegs sind, dann gibt es für ..... eilige Fälle noch ..... Art... Feuerwehr.

Text 5

Auch das Altwerden will gelernt sein

Wie die Dinge heute liegen, kann der Beruf − außerhalb des finanziellen Bereichs − nur für sehr wenige die Voraussetzungen für ein menschenwürdiges Alter bieten. Wenn sich am Ende der Arbeitsphase der Berufserfolg als höchstens mittelmäßig herausstellt, was leider das Normale ist, dann tritt der Mensch
5 mit einem Defizit[1] in den Ruhestand oder die aufgezwungene Freizeit. Was aber vorher in der Lebensgestaltung versäumt worden ist, kann nun nicht mehr nachgeholt werden. Daraus folgt, daß eine starke Fixierung[2] auf den Beruf die Mehrzahl der Menschen in ihrer Vielseitigkeit der Interessengebiete hindert. Fazit[3]: Lernprozesse, die weit über das zur Ausbildung Gehörende hinausgehen, müssen
10 lange vor der Pensionierung, spätestens um das fünfzigste Lebensjahr einsetzen. Berufsarbeit, „entspannt" nur durch Zerstreuung, Zeitvertreib − der nichts anderes ist als ein Die-Zeit-Totschlagen −, führt nicht zur Reife[4], sondern zu geistigem und seelischem Kahlschlag, führt ins Greisen-Getto.
Reife: das ist das Schlüsselwort. Leider ist noch nirgends deutlich genug gesagt

worden, daß Reifwerden nicht nur die Chance des einzelnen bedeutet, sein Leben zu vollenden. Auch die Gesellschaft bedarf des Reifens, und zwar aus Gründen, die von Tag zu Tag drängender werden. Um nur einen zu nennen: daß die Waffen des dritten Jahrtausends in den Händen von Unreifen den Untergang bedeuten, dessen sollte jeder Zeitgenosse so sicher sein wie der Tatsache, daß er unweigerlich sterben muß, wenn er vom zwanzigsten Stockwerk auf die Straße springt.

(aus: *Frankfurter Allgemeine Zeitung* vom 13. 5. 1976)

Wörterverzeichnis

[1] s Defizit, -s, -e — Fehlbetrag, Mangel
[2] e Fixierung — ausschließliche Beschäftigung
[3] s Fazit, -s, -s — Ergebnis, Schlußfolgerung
[4] e Reife, o.pl. — höchstmöglicher Entwicklungszustand der seelischen und geistigen Kräfte eines Menschen

A. Fragen zum Textverständnis

1. Warum reicht der Beruf nur bei wenigen als Grundlage für die Gestaltung ihres Lebensabends aus?
2. Vor welcher Einstellung zum Beruf wird gewarnt?
3. Vor welcher Form der Freizeitgestaltung wird gewarnt?
4. Was muß man also lange vor der Pensionierung tun, um eine sinnvolle Gestaltung des Alters zu ermöglichen?
5. Was bedeutet „Reife" für den einzelnen? Warum soll er sie anstreben?
6. Warum bedarf auch die Gesellschaft der Reife?

B. Weiterführende Fragen

1. Unter welchen Bedingungen kann auch die Berufsarbeit Voraussetzung für einen sinnerfüllten Lebensabend sein?
2. Welche Art von „Lernprozessen" können zu einer befriedigenden Altersphase des Lebens beitragen?
3. Warum stellt sich das Alter heutzutage mehr als früher als ein Problem dar?

C. Drücken Sie den Inhalt der folgenden Sätze mit Worten aus dem Text aus.

1. *So wie die Verhältnisse* heute *sind,* genügen die Ersparnisse meist nicht, den Lebensabend zu bestreiten. (1)

2. Nur ein intensives Studium moderner Fremdsprachen *ermöglicht* beruflichen Erfolg. (2 f)
3. Nach Vollendung des 65. Lebensjahres *ging* Amtsrat Schweizer *in Pension*. (4 f)
4. Das Training muß lange vor dem Wettkampf *beginnen*. (10)
5. Bedeutsame Erkenntnisse *brauchen* einen Reifeprozeß. (16)

D. Setzen Sie anstelle der kursiv gedruckten Verbalausdrücke Modalverben.

1. Nur wenige Menschen *sind imstande,* ihre Freizeit sinnvoll zu gestalten.
2. Da die Lebenserwartung ständig steigt, *ist es nötig,* daß sich jeder Berufstätige rechtzeitig Gedanken macht, wie er seinen Lebensabend verbringt.
3. *Es wäre wünschenswert,* daß die älteren Menschen nicht vom Leben in der Gemeinschaft ausgeschlossen würden.
4. *Es ist nicht richtig, wenn* man den älteren Leuten vorschreibt, wie sie ihr Leben gestalten sollen.
5. Wer *hat* schon *den Wunsch,* jahrelang einsam zu sein?
6. *Es ist anzunehmen, daß* du recht hast.

Kommunikation als zwischenmenschliche Aufgabe

Zur Einführung
und Begriffsbestimmung:

Was ist Kommunikation?

Vollelektronische Telefonvermittlungsanlage

Kommunikation findet statt, wenn eine Mitteilung von einem Lebewesen zu einem anderen gelangt und eine Reaktion bei ihm auslöst. Besondere Bedeutung hat dieses Phänomen für die zwischenmenschlichen Beziehungen.
Der Mensch hat eine Vielzahl verschiedener Kommunikationsmethoden entwickelt, die sein Leben in der Gemeinschaft erst ermöglichen – Gemeinschaft nicht im Sinne einer Horde zu Jagd- oder Kriegszwecken verstanden, sondern Gemeinschaft in einem den Tieren unbekannten Sinne. Das menschliche Sprechvermögen und die Sprache sind unter diesen Kommunikationsmethoden die bedeutsamsten. Man kann die menschliche Sprache nicht dem Zeichensystem der Tiere gleichsetzen, denn sie beschränkt den Menschen nicht allein darauf, seine Sprößlinge herbeizurufen, zur Paarung anzuregen oder Warnrufe auszustoßen. Durch das Sprechvermögen kann der Mensch vielmehr nahezu jedem Gedanken Ausdruck verleihen.

Text 1

Eine Anzeige der Deutschen Bundespost

> Wenn unsere Kommunikation auch 1980 noch funktionieren soll, muß die Post heute Milliarden investieren[1].

Kommunikation ist lebenswichtig. Für jeden von uns. Und für unser Land. So hängt die Konkurrenzfähigkeit[2] unserer Volkswirtschaft entscheidend davon ab, wie leistungsfähig das Post- und Fernmeldewesen[3] ist. Das aber bedeutet: Die Post muß große Summen investieren. Und zwar heute. Sonst müssen wir alle morgen für die Versäumnisse von heute teuer bezahlen.
Immer mehr Kontakte. Immer schnellere Kontakte.
Die Nachfrage nach Kommunikationsmitteln, für deren reibungsloses Funktionieren die Post verantwortlich ist, nimmt ständig zu. Weil der Bedarf wächst. Der Bedarf an noch mehr, noch schnelleren Kontakten. Und das von Jahr zu Jahr immer schneller.
Das Beispiel Telefon: 1960 = rd. 3 Millionen Fernsprechhauptanschlüsse, 1973 schon rund 12 Millionen. 1980 wahrscheinlich 19 Millionen. Allein für 1974 sind nach dem Voranschlag der Deutschen Bundespost für den weiteren Ausbau der Fernmeldeanlagen Sachinvestitionen in Höhe von über 6 Milliarden DM notwendig. Und das nur für den dringendsten Bedarf.
Heute 3 TV-Programme. Aber soll es dabei bleiben?
Daß wir überall dabeisein können, live, durch Fernseh-Direktübertragungen, auch dafür sorgt die Post. Mit Parabol-Antennen, mit Fernsehtürmen, mit Nachrichten-Satelliten im All[4].
Aber dieses System muß weiter verbessert werden. Damit jeder sein gewünschtes Programm einwandfrei empfangen kann.
Und weil wir morgen noch mehr Programme empfangen wollen, müßten Satelliten bzw. Kabelsysteme neuen Typs entwickelt und eingesetzt werden. Aber: ohne Investitionen bleiben wir auf dem Stand von heute.
Wenn wir in die technologische Lücke fallen, fallen wir sehr hart. Das muß einmal gesagt werden: die Post kann nicht so tun, als ob die technische Entwicklung sie nichts anginge. Gerade weil sie eine für uns alle lebenswichtige Aufgabe zu erfüllen hat, muß die Post die technische Herausforderung von morgen in den Griff bekommen. Das kostet Geld. Die Alternative[5] dazu wäre: der Fall in die technologische Lücke. Und der wäre sehr hart.

Post
Europas größtes Service-Unternehmen für Kontakte

(aus: Rüdiger Gollnick, *Grundlagen mündlicher und schriftlicher Kommunikation*)

Wörterverzeichnis

1 investieren — Geld langfristig in Sachgütern anlegen
2 e Konkurrenz, o.pl. — Wettbewerb, wirtschaftliche Auseinandersetzung
3 s Fernmeldewesen, -s, o.pl. — Telefon, Telegraf, Telex; Radio, Fernsehen
4 s All, -s, o.pl. — Weltraum
5 e Alternative, -n — Wahlmöglichkeit

A. Fragen zum Textverständnis

1. Welche Bedeutungsinhalte des Begriffes „Kommunikation" werden in diesem Text herausgestellt?
2. In welchen Bereichen ist nach Meinung der Post Kommunikation besonders wichtig?
3. Mit welchen technischen Mitteln wird — im Bereich der Post — Kommunikation hergestellt?
4. Welche Absicht verfolgte die Deutsche Bundespost wohl mit diesem Inserat, das in mehreren großen Tageszeitungen erschienen ist?
5. Die Sprachform, insbesondere die Syntax dieses Werbetextes unterscheidet sich von dem eines normalen Sachtextes: inwiefern und worin?
6. Was versteht man unter „technologischer Lücke"?

B. Weiterführende Fragen

1. Warum wird das Thema „Kommunikation" in den Industriestaaten heute so viel erörtert?
2. Halten Sie die in dem Post-Inserat genannten Investitionen in vollem Umfang für nötig?
3. In welchem Umfang sind technische Mittel für die zwischenmenschliche Kommunikation heute unabdingbar?

C. Drücken Sie den Inhalt der folgenden Sätze mit Worten aus dem Text aus.

1. Die Fähigkeit unserer Wirtschaft, *sich gegenüber anderen Ländern zu behaupten,* wird entscheidend vom Stand unserer Forschung *bestimmt.* (5 f)
2. Ständig *werden mehr* Telefonanschlüsse *benötigt.* (10 f)
3. *Der Minister schlägt vor,* die Postgebühren zu erhöhen. (16)
4. Die Post *hat die Aufgabe,* das Funktionieren des Telefonsystems *sicherzustellen.* (21)

5. Wenn die Forschung nicht unterstützt wird, *kann sich* unsere Wirtschaft *nicht weiterentwickeln.* (27)
6. Die Regierung versucht mit Nachdruck, die Preisentwicklung *unter Kontrolle* zu bekommen. (32)

D. Bilden Sie vollständige Sätze aus den angegebenen Schlagzeilen.

Beispiel: Bürgerprotest gegen Telefonverteuerung
Lösung: Viele Bürger protestieren dagegen, daß sich die Telefongebühren verteuern sollen.

1. Ausbau des Fernmeldewesens vorgesehen
2. Zunehmende Nachfrage nach Telefonanschlüssen
3. Investitionsbedarf der Bundespost in Höhe von 6 Milliarden DM
4. Fernseh-Direktübertragungen durch Nachrichten-Satelliten
5. Forderungen nach Einführung des Kabelfernsehens
6. Warnung vor dem Fall in die technologische Lücke

Text 2

Die Schwierigkeit, sich zu verständigen

Je mehr ich mit einigen anderen Menschen zusammen bin, um so größer ist die Wahrscheinlichkeit, daß ich sie sympathischer finde als Fremde. Anders ausgedrückt: Kontakt und Sympathie laufen parallel, Distanz und Sympathie vertragen sich nicht. Wenn keine Distanz besteht und Kontakte zwischen zwei
5 Gruppen dennoch unerwünscht sind, müssen oft künstliche Maßnahmen eingeleitet werden, um die universelle[1] Gleichung „Kontakt + Kommunikation = Sympathie" außer Kraft zu setzen. Deshalb wurden zum Beispiel im ersten Weltkrieg, als die Soldaten im monatelangen Grabenkrieg den Gegner kennenlernten und eine Art Einigung erzielten, die Truppen von der Generalität aus-
10 gewechselt, um den „Kampfgeist" zu erhalten. Die Soldaten hatte begonnen, Verpflegung auszutauschen, für bestimmte Zeiten einen Waffenstillstand zu vereinbaren und zusammen Karten zu spielen.
Aus dem Zweiten Weltkrieg ist vielen Deutschen noch in Erinnerung, wie die amerikanische Heeresführung durch ihre Vorschriften, nicht mit Deutschen zu
15 verkehren („No Fraternisation!") die Distanz zwischen ihren Soldaten und den Bürgern des besetzten Landes aufrechterhalten wollte. Die Rassentrennungs-

Gesetze in Südafrika dienen bis in die Gegenwart dem Zweck, die soziale Distanz zwischen den beiden Bevölkerungsgruppen künstlich aufrechtzuerhalten.
Aus einem Mangel an sozialer Nähe entstehende Antipathien führen nun oft dazu, daß die Distanz weiter gewahrt, ja sogar vergrößert wird. Das liegt teilweise daran, daß eng geschlossene Gruppen oft dazu neigen, die innerhalb der Gruppe – etwa durch einen autoritären[2] Führungsstil – entstehenden Feindseligkeiten nach außen abzuleiten. Die feindselig betrachtete Fremdgruppe wird noch mehr in Distanz gerückt. Man kann doch diese „Untermenschen" nicht auch noch kennenlernen wollen! Je nach dem sozialen, politischen oder nationalen Standpunkt kann Untermensch der Neger, der Weiße, der Kommunist, der Kapitalist sein.
Der Mangel an Kontakt und Kommunikation steigert die Feindschaft. Ein aktuelles Beispiel ist die Tatsache, daß international die Studentenunruhen gerade in jenen Universitäten entstanden, an denen eine mangelhafte Bildungsplanung jeden persönlichen Kontakt zwischen Professoren und Studenten unmöglich gemacht hatte. Die am meisten aufgeblähten[3], personell am schlechtesten versorgten Fachrichtungen hatten auch die größten Schwierigkeiten und haben sie noch.

(aus: Wolfgang Schmidbauer, *Ich in der Gruppe*)

Wörterverzeichnis

[1] universell — überall gültig
[2] autoritär — diktatorisch, unbedingten Gehorsam fordernd
[3] aufblähen — aufblasen, unnatürlich vergrößern

A. Fragen zum Textverständnis

1. Wovon sind unsere Empfindungen gegenüber Menschen abhängig?
2. Warum versuchen staatliche Behörden bisweilen, Distanz zu schaffen?
3. Welcher Faktor vergrößert oft die Antipathie gegenüber Gruppen, mit denen man keine engen Beziehungen hat?
4. In welcher Weise kann sich aus sozialer Distanz eine Steigerung der Feindseligkeit ergeben?
5. Auf welchen gemeinsamen Nenner kann man die Verteufelung von Kapitalisten, Hippies u. ä. Fremdgruppen bringen?
6. Inwiefern gehören auch Studentenunruhen in diesen Zusammenhang?

B. Weiterführende Fragen

1. Welche Schlußfolgerungen zur Lösung internationaler Spannungen lassen sich aus den Thesen des hier zitierten Autors ziehen?
2. Welche Faktoren erschweren aber trotzdem eine friedliche Lösung der weltpolitischen Probleme?
3. Lassen sich auch Argumente gegen die These „Kontakt + Kommunikation = Sympathie" finden?

C. Ergänzen Sie die fehlenden Wörter und Endungen anhand des Textes.

1. ..... mehr ich darüber nachdenke, ... besser finde ich diesen Vorschlag.
2. In Krisenzeiten werden bestimmt... Bürgerrechte außer Kraft .....
3. Die streitend... Parteien versuchten, in Verhandlungen eine Einigung zu .....
4. Die aus einem Mangel ..... Verständnis entstehend... Antipathien ..... oft zu aggressiv... Verhalten.
5. Wer im Betrieb Ärger hat, möchte gerne seinen Groll an einem Unterlegen ....
6. Wer seine Aggressionen gegen gesellschaftlich... Randgruppen ....., beweist nur seine Unsicherheit.

D. Verknüpfen Sie beide Sätze zu einem Satzgefüge. Dabei können folgende Konjunktionen verwendet werden: als, nachdem, obwohl, um... zu, weil, wie.

1. Die Heeresführung verbot ihren Truppen, mit den Deutschen zu verkehren. Sie wollte damit die Distanz zwischen ihren Soldaten und den Bürgern des besetzten Landes aufrechterhalten.
2. Im monatelangen Stellungskrieg lernten die Soldaten den Gegner kennen. Da ließ ihr Kampfgeist nach.
3. Die erste Zeit nach dem Krieg war sehr schwer. Das weiß ich noch genau.
4. Die Menschen kannten einander zu wenig. Nur deshalb haßten sie einander.
5. Die Studenten hatten jahrelang vergebens eine Verbesserung des Hochschulbetriebes gefordert. Dann machten sie ihrem Unmut durch energische Maßnahmen Luft.
6. Es ist bekannt, daß internationale Kommunikation dem Weltfrieden dient. Trotzdem hindern manche Regierungen die Menschen daran, sich kennenzulernen.

Text 3

Am Anfang steht das Wort

Am Ende des Jahres 1975 wurde eine Art Auslese unter den Gastarbeitern sichtbar: Es gingen jene, die den Einstieg in die Gesellschaft der Bundesrepublik Deutschland nicht geschafft hatten. Es blieb, wer die Sprache des Landes gelernt hatte und fühlte, daß sich für ihn die zweite Stufe der Einbürgerung erschlossen hat. Das heißt: Die Ausländer, die sich mit den Deutschen verständigen können, merken, daß sie von ihren Mitbürgern immer mehr akzeptiert[1] werden, und beginnen, sich in den deutschen Alltag einzuleben. Schon allein die Bereitschaft, Deutsch zu lernen, wird von vielen Deutschen als guter Wille zur Anpassung anerkannt. Dieses Engagement[2] macht sich dann auch am Arbeitsplatz bemerkbar, und so kommt es, daß die „Anpassungswilligen" auch in ihrem Betrieb ihre Stellung besser festigen können.
Bei einer Umfrage unter Türken und Italienern beurteilten zwei Drittel der Befragten ihr Verhältnis zu deutschen Arbeitskollegen als gut. Drei Viertel sogar waren mit ihrem deutschen Vorgesetzten zufrieden. Positiv urteilten sie auch über das Wirtschafts- und Sozialsystem der Bundesrepublik Deutschland. Und der gesundheitlichen Betreuung zollten[3] zum Beispiel 90 Prozent der Türken uneingeschränktes Lob.
Die schlechten Erfahrungen der Gastarbeiter in der Bundesrepublik Deutschland beziehen sich daher also weniger auf die Arbeitswelt als vielmehr auf die zwischenmenschlichen Beziehungen und auf die Verständigungsschwierigkeiten in Sprache und Religion. Nur mit Hilfe der Sprache ergeben sich eben jene Kontakte am Arbeitsplatz, die die Verbindung zwischen der kalten Welt des „Möglichst-viel-Geld-verdienen" und dem Privatleben schaffen.

(aus: *Scala*, Februar 1976)

Wörterverzeichnis

[1] akzeptieren   als gleichwertig anerkennen
[2] s Engagement, -s, o.pl.   persönliche Bindung und Einsatzbereitschaft
[3] Lob zollen   loben, Anerkennung aussprechen

A. Fragen zum Textverständnis

1. Aus welchen Gründen verließen viele ausländische Arbeitnehmer 1975 die Bundesrepublik Deutschland?

2. Welche Bedingung muß erfüllt werden, wenn jemand länger in einem anderen Staat leben will?
3. Welche positiven Auswirkungen hat die Kenntnis der Sprache des Gastlandes?
4. Wie urteilen die Gastarbeiter in der Bundesrepublik über die Berufswelt, in der sie leben?
5. Worauf sind ihre schlechten Erfahrungen zurückzuführen?

B. Weiterführende Fragen

1. Sie lernen schon seit längerer Zeit Deutsch. Ist für Sie die Kenntnis der deutschen Sprache eine Brücke zum Verständnis der deutschsprachigen Nationen geworden?
2. Kann die Sprache auch dazu mißbraucht werden, Haß und Feindschaft zwischen den Menschen hervorzurufen?
3. Zum harmonischen Zusammenleben von Menschen genügt die Verwendung derselben Sprache nicht. Was muß hinzukommen?

C. Drücken Sie den Inhalt der folgenden Sätze mit Worten aus dem Text aus.

1. Unter den Teilnehmern an den Abendkursen *hob sich* bald eine *bestimmte Gruppe heraus*. (1)
2. Der junge Unternehmer bemühte sich sehr darum, in die Kreise der Hochfinanz *vorzudringen*. (2 f)
3. Ich wohne seit einem Jahr in Kassel und habe mich schon gut *an die dortigen Verhältnisse gewöhnt*. (7)
4. Durch ihre beruflichen Erfolge hat sie in ihrer Firma *an Ansehen gewonnen*. (11)
5. Er *sprach sich voll Anerkennung* über ihre Leistungen *aus*. (16 f)
6. Die Gewerkschaften bemühen sich, zwischen Gastarbeitern und einheimischen Arbeitnehmern *Kontakte herzustellen*. (22 f)

D. Die in Klammern angegebenen Ausdrücke sind in den jeweiligen Sätzen an ihren richtigen Platz zu setzen, ggf. unter Änderung der Wortstellung.

1. Viele Gastarbeiter verließen die Bundesrepublik. (mit dem Beginn der Ölkrise)
2. Manche planen, nach Deutschland zurückzukehren. (bald wieder)

3. Wer die Landessprache beherrscht, kann sich auf die Dauer in einem anderen Land wohlfühlen. (nur)
4. Eine gewisse Anpassung an die Lebensart des Gastlandes gehört dazu. (allerdings, auch)
5. Es ist nötig, zu seiner Umgebung persönliche Kontakte anzuknüpfen. (also)
6. Das gelingt nur wenigen. (leider)

Text 4

Vom Unvermögen der Großstädter, miteinander umzugehen

In der Münchner Telephonseelsorge[1] häufen sich die Anrufe. Es sind 50 Prozent mehr als in der gleichen Zeit des Vorjahres. Dahinter steht zweifellos die Unsicherheit bei der Suche nach menschlichen Kontakten. Die Großstadteinsamkeit breitet sich aus.
Noch vor zweihundert Jahren empfahl Adolf von Knigge den Lesern seines 5 Buches „Über den Umgang mit Menschen", mit den meisten Menschen lieber keinen Umgang zu pflegen und „in der Vertraulichkeit gegen Fremde nicht zu weit zu gehen". Heute empfiehlt der für moderne Umgangsformen zuständige

Fußgängerzone in München

„Knigge-Rat" beinahe das Gegenteil: mehr Hinwendung zum Mitmenschen, mehr Verständnis für ihn, mehr Freiheit in der Bekundung von Sympathie nach dem Vorbild südlicher Länder.
Das gesellige Miteinanderreden ist den Großstadtmenschen weitgehend abhanden[2] gekommen. Die verschiedensten Ursachen treffen da zusammen: die Kontaktfeindlichkeit der Hochhäuser und der Vorstadtsiedlungen, die Wohn- und die Verkehrsdichte, die sich daraus ergebende Kinder- und Tierfeindlichkeit, der Straßenlärm, der Signalstreß[3] durch Verkehrsampeln und Straßenreklame, die Terminhast und der Leistungsdruck.
So ist der Verkauf von Waren und Dienstleistungen zur Bekämpfung von Kontaktstörungen und Einsamkeitsängsten in kurzer Zeit zu einer Wachstumsbranche[4] von ungeahnten Dimensionen geworden. Der Markt bietet vielerlei und für jeden etwas, von der hausärztlichen Beruhigungspille bis zum Kontakttrainings-Seminar im schicken Berghotel, vom braven Geselligkeitsverein bis zum eleganten „Privat-Club" für männliche Mauerblümchen[5] mit dicker Brieftasche.
Ganze Berufszweige sind da neu entstanden, und ein uralter ist dabei: der des Kneipenwirts[6], der in Hemdsärmeln behäbig den Zapfhahn[7] dreht und für jeden Thekengast[8] ein gutes Wort hat. Die gute alte Quasselkneipe[9] hat schon manch einem aus der Einsamkeit herausgeholfen. Aber manch anderer mag keine Kneipen, oder er traut sich nicht hinein, weil er an Schwellenangst[10] oder ähnlichen großstadttypischen Verhaltensstörungen leidet. Für ihn gibt es Vereine mit oft recht griffigen Namen wie „Kontakt 74" oder „Interaktion".
In Hamburg erscheint ein Monats-Lokalblättchen mit dem Untertitel „Kursbuch für Freizeit und Kommunikation". Darin liest man Kleinanzeigen wie diese: „30j. Löwe (174) sucht Jägerin bis 32, die ihn aus dem Käfig der Einsamkeit befreit." Oder diese: „Schüchterne, launische, egoistische, verfressene, einsame 19jährige sucht netten Typ[11] (25–30) zum Ausgehen, Liebhaben, Plaudern, Reisen und Nichtstun".
Gegen bescheidene Gebühr vermitteln die Volkshochschulen Kurse, die als „Kommunikationstraining" ausgeschrieben sind. Eine der Partnerübungen geht so vor sich: Man läßt sich wie ein Blinder mit geschlossenen Augen vom Partner durch den Wald führen. Kein Wort darf gesprochen werden. Hier soll die Scheu vor Körperkontakten beseitigt werden und die Fähigkeit des Sichanvertrauens gestärkt werden. Anschließend berichten alle Teilnehmer über die bei dieser Übung gemachten Erfahrungen. Oder: Man spielt Telephon und versucht, einen bisher nur brieflich Bekannten zum ersten Rendezvous[12] zu überreden. Womit gleich zweierlei eingeübt wird: die Befangenheit[13] am Telephon zu überwinden und eigene Wünsche einem anderen begreiflich zu machen.
Fest eingefahrene Kontaktängste sind mit den handelsüblichen Trainingskursen

natürlich nicht zu beheben. Sie müssen von Psychotherapeuten[14] behandelt werden. Besonders häufig wird dabei heute die sogenannte Gruppentherapie angewendet. Sie vereinigt viele Vorteile: Mehreren Menschen kann zu gleicher Zeit mit weniger Geld in kürzerer Zeit geholfen werden. Und da fast jeder Hilfsbedürftige auch ein wenig Helfertalent besitzt, bildet die Patientengruppe zugleich auch ein Therapeuten-Team. Allein schon dies ist für die Patienten eine Erfahrung von therapeutischem Wert. Zudem entwickelt sich in der Gruppenarbeit so manche freundschaftliche Beziehung, und zumindest für die an ihr Beteiligten steht dann das Thema Kontaktangst nicht mehr zur Debatte.

Das Unvermögen besonders der Großstadtmenschen, miteinander umzugehen, und die daraus entstehende Lebensangst haben dazu geführt, daß sogar die alten Techniken der Selbstbesinnung und der Selbstbeherrschung wieder in Übung kommen: Meditation, Yoga, autogenes Training. Sie haben mit den neu entwickelten Therapien diese Einsicht gemeinsam: Zum andern findet nur, wer zuvor sich selbst gefunden hat. So ähnlich hat es schon Knigge gesagt, nur etwas galanter[15]: Sei zuerst dir selbst ein angenehmer Gesellschafter.

(aus: Ulrich Schmidt, *Kneipe als Therapie für Einsame*)

Wörterverzeichnis

[1]	e Telephonseelsorge	ein Geistlicher berät Anrufer bei persönlichen Problemen
[2]	mir ist etwas abhanden gekommen	mir ist etwas verlorengegangen
[3]	r Signalstreß, -sses, o.pl.	die nervliche Überbelastung durch Zeichen, die Beachtung erfordern
[4]	e Wachstumsbranche, -n	expandierender Wirtschaftszweig
[5]	Mauerblümchen, -s, -	Mädchen, das beim Tanzen wenig beachtet wird
[6]	e Kneipe, -n	einfache Gaststätte
[7]	r Zapfhahn, -s, ⸚e	verschließbare Öffnung zum Entnehmen von Bier
[8]	e Theke, -n	hoher langer Tisch, hinter dem der Wirt seine Gäste bedient
[9]	quasseln	viel und wenig Wichtiges reden
[10]	Schwellenangst, o.pl.	Furcht, einen fremden Raum zu betreten
[11]	r Typ, -s, -en	Mensch, Person (ugs.)
[12]	s Rendezvous, -, -	persönliche Verabredung
[13]	e Befangenheit, o.pl.	Verlegenheit, Schüchternheit
[14]	r Psychotherapeut, -en, -en	Arzt und Psychologe, der auf psychische Erkrankungen spezialisiert ist.
[15]	galant	höflich und geistreich

A. Fragen zum Textverständnis

1. Warum wenden sich Großstädter an die Telefonseelsorge?
2. Welches Verhalten in der Gesellschaft wird heute als positiv bewertet?
3. Warum haben Großstädter Kontaktschwierigkeiten?
4. Was bietet der Markt zur Behebung dieser Schwierigkeiten an?
5. Welche Ziele verfolgt ein „Kommunikationstraining"?
6. Was wird in medizinisch schwierigen Fällen getan?
7. Was ist die Voraussetzung für gute Kontakte zum Mitmenschen?

B. Weiterführende Fragen

1. Gibt es in Ihrem Heimatland auch weitverbreitete Kontaktschwierigkeiten der hier geschilderten Art? Warum bzw. warum nicht?
2. Können Sie über das zu Frage A 3 hinaus Gesagte noch Gründe angeben, warum den Menschen in den modernen Wirtschaftszentren zunehmend jene persönlichen Beziehungen zum Nachbarn verlorengehen, die für weniger entwickelte Gebiete noch selbstverständlich sind?
3. Halten Sie die geschilderten Therapien für zweckmäßig, oder können Sie andere Wege empfehlen, um der Vereinsamung der Großstädter zu begegnen?

C. Drücken Sie den Inhalt der folgenden Sätze mit Worten aus dem Text aus.

1. In den Oberklassen verschärft sich der Schulstreß; *dieser Tatsache liegt* die Unsicherheit *zugrunde,* ob man einen Studienplatz bekommt oder nicht. (2)
2. Seit dem Erfolg seines letzten Theaterstückes *hat er* den Blick für das Machbare *verloren.* (12 f)
3. Der Segelsport hat sich zu einem Geschäft *von unerwartetem Umfang* entwickelt. (20)
4. *Für wenig Geld* kann man an den Abendkursen der städtischen Volkshochschule teilnehmen. (38)
5. Wie *führt man* eine Kontaktübung durch? (39 f)
6. Der Arzt bemühte sich, die Angstgefühle der Patienten zu *beseitigen.* (49)
7. Eine Erhöhung der Telefongebühren *wird* zur Zeit nicht *erwogen.* (57)

D. Bilden Sie aus den folgenden Sätzen nominale Ausdrücke.

Beispiel: Die Telefongespräche nehmen ständig zu.
Lösung: Die Zunahme der Telefongespräche

1. Die Großstädter suchen nach Kontakten.
2. Wir freuten uns über deinen Besuch.
3. Viele Ursachen treffen zusammen.
4. Ihr seid Kindern gegenüber feindlich eingestellt.
5. Waren und Dienstleistungen werden gekauft.
6. Den Einsamen wird geholfen.

Die Welt der Massenmedien

Text 1

Das Warten auf den verlorenen Sohn

Zu den Ungereimtheiten[1] des Lebens zählt, daß die Nähe zu Dingen das Urteilsvermögen nicht unbedingt fördert. Je mehr die Gegenstände mit dem Alltag verschmelzen, je selbstverständlicher ihre bloße Gegenwart ist, desto schwerer fällt es, ihre Bedeutung noch angemessen zu sehen. Beispielsweise erscheint es
5 wenig sinnvoll, die Menschen noch zu fragen, was ihnen das Fernsehen bedeutet. Größere Aussicht auf Erfolg verheißt das Vorhaben, ihnen den zur Gewohnheit gewordenen Fernsehkonsum[2] für eine begrenzte Zeit zu entziehen. Dies war die Konzeption[3] der medienkritischen[4] Sendung „Vier Wochen ohne Fernsehen". Der Entzug des Fernsehens, so die Überlegung, sollte bei den Betroffe-
10 nen „Einsicht in die beherrschende Rolle des Fernsehens während der Freizeit, im günstigsten Falle sogar Erkenntnisse über die Ursachen bestehender Abhängigkeiten vermitteln".

Fernsehstudio in Köln

Das Ergebnis der Beobachtungen war: mit der neugewonnenen Freizeit vermochte keiner der zwangsweise vom Bildschirm Ferngehaltenen viel anzufangen. Schon am dritten Tag war von „furchtbarer Langeweile" zu hören, man wisse wirklich nicht, was man an den Abenden noch anstellen solle. Gewiß, so wurde eingeräumt[5], spreche man mehr miteinander, könne auch mal verreisen oder Bekannte besuchen.

Die Bekannten freilich wunderten sich nicht wenig über den unverhofften Besuch einer Familie, die sonst von sich sagte: „Wir lassen uns monatelang nirgends sehen." Es wird Zeit, so klagte am Ende der vier Wochen eine der Frauen mit tränenerstickter Stimme, daß der Apparat wiederkomme. Ihr Mann nörgele[6], seit der Apparat aus dem Haus sei, immer häufiger an ihr herum, Streitigkeiten, die früher mangels Zeit gar nicht erst hatten ausgetragen werden können, seien nun an der Tagesordnung.

Als dann nach vier Wochen das Fernsehgerät in die gute Stube zurückgetragen wurde, zeigten die beiden Familien Zeichen von Freude, die bei der Rückkehr eines verlorenen Sohnes nicht hätten größer sein können. Als man sie dann nach geraumer Zeit befragte, wie es denn nun mit den Fernsehgewohnheiten stehe, war das Resultat nicht mehr verwunderlich: es wurde mehr denn je ferngesehen.

Die Sendung hat keine Geheimnisse offenbart. Um die dominierende[7] Rolle des passiven Fernsehkonsums in der Freizeit wußte man auch vorher. Doch selten wurde einem die Abhängigkeit so vor Augen geführt.

Das Fernsehen, in der Theorie nur ein Medium unter vielen, ist zu unvergleichbarer Bedeutung gelangt. Seine Funktion für die Menschen liegt nicht unbedingt in den Inhalten, die es vermittelt, sondern in seiner bloßen Existenz. Sein Reiz liegt darin, daß es im Ritual[8] Geborgenheit gewährt. Wer die Funktion des Fernsehens nur darin sieht, Information, Unterhaltung und Belehrung zu vermitteln, greift entschieden zu kurz. Vielmehr wird es Ersatz für zwischenmenschliche Beziehungen, Ausgleich für die Entbehrungen des Alltags. Die Angst vor einem eigenen Leben weiß sich besänftigt von einem Medium, das den Menschen eine Identität[9] borgt. Der Verlust an eigener Erfahrung scheint ausgeglichen durch den scheinbar unbegrenzten Blick aus dem Fenster, der sich freilich oft genug als Blick in ein Schaufenster erweist.

Wenn die Sendung „Vier Wochen ohne Fernsehen" etwas zeigen konnte, dann dies: das Fernsehgerät ist in einem tieferen Sinne kein Objekt, sondern ein Subjekt, ein Hausgenosse, der hilft, Schwierigkeiten zu verdrängen, Leere zu kaschieren[10], Konflikte zu neutralisieren. Wenn es bei uns irgendwo einen „neuen Menschen" gibt, dann den des Fernsehzeitalters.

(aus: *Frankfurter Allgemeine Zeitung* vom 17. 1. 1976)

Wörterverzeichnis

1. e Ungereimtheit, -en — etwas, das keinen sinnvollen Zusammenhang hat
2. r Konsum, -s, o.pl. — Verbrauch
3. e Konzeption, -en — Leitgedanke, Ausgangsbasis
4. medienkritisch — in kritischer Weise Funk, Fernsehen, Presse und Film betreffend
5. einräumen — zugeben, gestehen
6. nörgeln — auf kleinliche Art Kritik üben
7. dominieren — vorherrschen, die erste Rolle spielen
8. s Ritual, -s, -e — fest geordneter, gleichsam religiöser Brauch
9. e Identität, o.pl. — die als „ich selbst" erlebte innere Einheit einer Person
10. kaschieren — verdecken, verbergen

A. Fragen zum Textverständnis

1. Kann man Dinge, die einem sehr vertraut sind, besonders gut beurteilen? Begründung?
2. Warum haben die Autoren der medienkritischen Sendung ihr Experiment „4 Wochen ohne Fernsehen" durchgeführt?
3. Welche positiven Ergebnisse brachte die fernsehlose Zeit den Testpersonen?
4. Welche negativen Erlebnisse hatten sie?
5. Welche Auswirkungen auf ihre Fernsehgewohnheiten hatte das Experiment?
6. Welche Erkenntnisse über die Rolle des Fernsehens für das Leben der Zuschauer wurden gewonnen?

B. Weiterführende Fragen

1. Spielt das Fernsehen in Ihrem Land eine ähnliche Rolle wie in Deutschland?
2. Wie könnte man den vom Fernsehen ausgehenden Gefahren begegnen und seine positiven Möglichkeiten am besten nutzen?
3. In wessen Händen sollte die Gestaltung des Fernsehprogramms liegen (Staat, Privateigentum, Körperschaft des öffentlichen Rechts)?
4. Worin ist das Fernsehen den älteren Medien (Film, Funk, Presse) überlegen?

C. Drücken Sie den Inhalt der folgenden Sätze mit Worten aus dem Text aus.

1. *Es sah nicht so aus, als ob* dieser Plan *erfolgreich wäre.* (6)
2. Mein Freund wußte nicht, was er *in* seiner ausgiebigen Freizeit *tun* sollte. (13 f)

3. Wir *machen* oft monatelang *keine Besuche*. (20 f)
4. In letzter Zeit *kommt es regelmäßig* zu Streitigkeiten. (25)
5. Wie *verhält* es *sich* denn mit euren Fernsehgewohnheiten? (29)
6. Durch dieses Experiment wurde allen die Problematik des Fernsehkonsums *deutlich gemacht*. (34)
7. Das Fernsehen ist *zu einem höchst bedeutenden Faktor* im Kommunikationswesen *geworden*. (35 f)

D. Verwenden Sie in den folgenden Sätzen den Irrealis oder Potentialis (d. i. Konjunktiv II).

Beispiel: Wenn unser Fernsehapparat doch bald (kommen)!
Lösung: Wenn unser Fernsehapparat doch bald käme!

1. Ohne unseren Fernseher (nicht existieren können).
2. Mit einem solchen Experiment (gelingen) vielleicht, die Zuschauer problembewußter zu machen.
3. (Haben) wir doch einen Farbfernseher!
4. Das Experiment fand Ende 1975 statt. Die Teilnehmer (wissen müssen), was sie mit ihrer Freizeit anfangen sollen.
5. Vielleicht (helfen) ihnen damals mit einem Angebot an Freizeitbeschäftigungen.
6. Bei mehr Verständnisbereitschaft (vermeiden) damals Streitigkeiten.

Text 2

Der Fernseher als Märchentante?

Das Fernsehen hat für Kinder – je jünger, je mehr – eine subtilere[1] Gewalttätigkeit als nur diejenige brutaler Szenen. Das wird deutlich im Rückblick in die prä-televisionäre Geschichte. Damals war es üblich, Kindern Märchen zu erzählen oder vorzulesen und mit ihnen Zeichnungen in Bilderbüchern anzuschauen und sie zu kommentieren; sie boten dem Kind Anregung und Gelegenheit zu seinen unzähligen „Warum"-Fragen, in denen sich die erwachende Neugier für die Welt bekundet, und der Mutter oder dem Vater die Möglichkeit, auf diese Fragen einzugehen und das Interesse, die Vorstellungskraft spielerisch zu fördern. Wenn der elektronische Kasten läuft, ist es damit vorbei. Die Eltern ersparen sich auf diese Weise die „blöde Fragerei", die Kinder sind ruhig und treiben keinen Unsinn.

Aber gerade das ist schlimmer als jeder Unfug, jeder beschmutzte Teppich, jede zerbrochene Vase und jede entblätterte Topfpflanze; wenn einem Kind nichts einfällt. Zu den Zeichnungen im Bilderbuch und zu erzählten, später zu gelesenen Märchen fällt Kindern unentwegt etwas ein. Ihre Vorstellungskraft ist herausgefordert, mit Leben zu erfüllen, was nur angedeutet ist. Der König trägt einen Purpurmantel, sein Bart ist zottig[2], seine Nase knollenförmig[3]? Aus diesen Chiffren[4] macht die Phantasie ein Bild, und zwar, wie Kinderzeichnungen beweisen, ein durchaus persönliches Bild.

Alle die Menschen, Tiere, Geister, Feen[5], Hexen und Zauberer ebenso wie der Ablauf des märchenhaften Geschehens öffnen weite, hintergründige Räume voll Poesie, ganze seelische „Spielwiesen" und „Spielwälder", die ein Kind mit eigenen Bildern, Gedanken und Gefühlen zu beleben lernt. Es gibt denn auch kaum etwas Dümmeres und Weltfremderes als die Behauptung gewisser extremer Ideologen, daß Märchenkönige und -prinzessinnen die Kinder zum Bejahen von Klassengegensätzen, Märchengeister und Zauberer zu Aberglauben[6] „programmierten". Als ob nicht gerade der schützende Spiel-Raum des Unwirklichen die beste Hilfe wäre, um die täglich erfahrenen „Herrschaftsverhältnisse" und die technische „Zauberei" der Erwachsenen als bloße Teilwahrheit und Vordergründigkeit zu empfinden und zu bewältigen!

Die Bildröhre dagegen überfährt das Kind mit einer Wirklichkeit, gegen die es wehrlos ist. Selbst wenn statt der Reportage einmal ein Märchen aus dem Kasten kommt, sind in der Großaufnahme Prinzessin, Hexe und Knusperhäuschen[7] so real fixiert[8], daß die Phantasie sie nicht mitschöpferisch ergreifen und selber gestalten, sondern nur passiv hinnehmen kann. Normalerweise sind es aber nicht Märchen und nicht spezielle Kinderprogramme, vor denen die Familie sitzt, sondern Berichte aller Art, die sich in keinerlei Beziehung zum engen persönlichen Erfahrungsbereich der Kinder setzen und einordnen lassen, sondern deren unverdaute Brocken im Unterbewußtsein herumgeistern, unbewältigt und darum Angstträume erzeugend. Auch die Brutalität auf der Mattscheibe ist vor allem deshalb verderblich, weil sie real ist und nicht Spiel wie im Märchen, wo das Böse neben dem Guten seinen legitimen Platz hat.

So wird der seelische „Schlupf", der Schonraum der Geborgenheit und des Vertrauens, durch den Einbruch fremder Realität immer wieder zerstört.

(aus: Lorenz Stucki, *Lob der schöpferischen Faulheit*)

Wörterverzeichnis

[1] subtil   zart, fein
[2] zottig   zerzaust, wirr durcheinander
[3] e Knolle, -n   dicke, runde Wurzel einer Pflanze

⁴ e Chiffre, -n   Kennzeichen
⁵ e Fee, -n   weibliche Märchenfigur, die Gutes oder Böses bewirkt
⁶ r Aberglaube, -ns, o.pl. irriger Glaube an das Wirken überirdischer Kräfte
⁷ s Knusperhäuschen   ein mit Backwaren bedecktes Märchenhaus
⁸ fixieren   genau bestimmen
⁹ legitim   berechtigt

A. Fragen zum Textverständnis

1. Welche Arten von Anregungen hatten Kinder, als es noch kein Fernsehen gab?
2. Inwiefern gewährten diese Anregungen den Kindern die Möglichkeit, ihre Persönlichkeit zu entwickeln? Was gibt das ihrer Phantasie?
3. Erziehen Märchen die Kinder zum Aberglauben und zur Anerkennung von Klassengegensätzen, oder sind sie eine Hilfe zur Bewältigung der Realität?
4. Welchen Vorteil haben die Eltern, wenn ihre Kinder fernsehen?
5. Inwiefern übt das Fernsehen eine „subtile Gewalttätigkeit" auf Kinder aus?

B. Weiterführende Fragen

1. Was können die Programmgestalter des Fernsehens tun, um die Kinder positiv zu beeinflussen?
2. Was können die Eltern tun, um die geistige und seelische Entwicklung ihrer Kinder zu fördern?
3. Gilt die obige Analyse der Rolle des Fernsehens auch für die heranwachsenden Jugendlichen?

C. Setzen Sie zu den (aus dem Text gewählten) Substantiven das idiomatisch dazugehörige Verb ein.

1. Die Großeltern . . . . . ihren Enkeln Märchen. (3)
2. In den Bilderbüchern . . . . . sie miteinander Zeichnungen . . . . . (4)
3. Die Märchen . . . . . den Kindern Anregungen und Gelegenheiten zu Fragen. (5)
4. Die Eltern hatten Gelegenheit, auf diese Fragen . . . . . (8)
5. Wenn der Fernseher . . . . ., sitzen die Kinder stumm davor. (9)
6. Der Märchenprinz . . . . . einen Purpurmantel. (16)
7. Die Fernsehbilder können von der Phantasie nur passiv . . . . . (35)
8. Die politischen Reportagen lassen sich in keine Beziehung zur Welt des Kindes . . . . . (38)

D. Verknüpfen Sie das jeweilige Satzpaar zu einem Satzgefüge mit Haupt- und Relativsatz.

Beispiel: Das Kind stellt viele Fragen. In ihnen zeigt sich seine Neugier für die Welt.
Lösung: Das Kind stellt viele Fragen, in denen sich seine Neugier für die Welt zeigt.

1. Die Märchen eröffnen Räume voll Poesie. Ein Kind lernt, diese mit eigenen Vorstellungen zu beleben.
2. Das Fernsehen überfällt das Kind mit einer frontalen Wirklichkeit. Dagegen ist es machtlos.
3. Das Programm enthält aktuelle Berichte. Sie lassen sich in Beziehung zur Welt des Kindes setzen.
4. Die Eltern lassen ihre Kinder oft geschmacklose Sendungen anschauen. Ihre Gefährlichkeit für das kindliche Gemüt wird vielfach verkannt.
5. Das Fernsehen verwirrt die Kinder häufig durch rasch wechselnde Bilder. Die Kinder können ihnen nicht mehr folgen.
6. Durch das Fernsehen wird uns die Welt erschlossen. Es birgt auch mancherlei Gefahren in sich.

Text 3

Leben ohne Zeitungen

„Für eine gute Zeitung gibt's keinen Ersatz", sagte der Rundfunkmoderator[1] in der Magazinsendung[2] vom Montagmittag, nachdem der Kollege aus Stuttgart vom Ende des Arbeitskampfes[3] berichtet hatte. Das war nicht nur nobel[4] gegenüber den Journalisten von der anderen Fakultät[5], es brachte das zum Ausdruck,
5 was so viele Bürger in den letzten Tagen gedacht und empfunden haben. Wir sind um eine Erfahrung reicher. Der Mensch achtet gering, was ihm täglich in bunter Fülle zur Verfügung steht; erst der Entzug öffnet die Augen, klärt den Blick. Wir haben wohl alle nicht geahnt, wie abhängig wir von der täglichen Zeitungslektüre sind, wie sehr sie fester Bestandteil unseres Tagesablaufs ist,
10 wie stark die Bindung ist an dieses „Genußmittel" (auch wenn gelegentlich „mit Reue" verbunden).
Redakteure, die sonst gewöhnt sind, von ihren lieben Freunden und Bekannten vorwiegend auf das aufmerksam gemacht zu werden, was keinerlei Beifall gefunden hatte („Gelobt wird nicht"), wurden bestürmt: wann gibt's denn endlich
15 wieder Zeitungen? Keine Aktienkurse[6], keine Hinweise, welche Apotheke Sonn-

tagsdienst hat, keine Sonderangebote des Einzelhandels, keine Meldungen über Dividendenbeschlüsse⁷, keine genüßlich zu konsumierenden Stories⁸, keine Fußball-Tabellen, keine Theaterkritik. Ein Kollege wurde Zeuge, wie ein Kiosk-Händler ständig von Kunden, die von Streik und Aussperrung⁹ nichts wußten, regelrecht beschimpft wurde, weil er doch beim besten Willen keine frische Zeitungsware anbieten konnte. Ein Unternehmer meinte, er fühle sich ganz unbehaglich, so als ob er keinen Boden unter den Füßen hätte. So mancher Morgenmuffel¹⁰ stellte auch zu seinem Mißvergnügen fest: „Jetzt muß ich schon beim Frühstück Konversation¹¹ machen, was ein Elend."
Aber damit die Euphorie¹² nicht zu groß wird – zumal der Anlaß sich dafür denkbar wenig eignet –, sei jener Oberbürgermeister einer Stadt im Südwesten unseres Landes zitiert, der seit Jahren im Dauerclinch¹³ mit seinem Stadtblatt lebt: „Jetzt konnte ich den Tag wenigstens mit Freude beginnen."
Der Arme hat sich festgebissen; aber auch er würde bald merken: es gibt verschiedene Arten von Hundeleben, auch ein Leben ohne Zeitungen ist ein Hundeleben.

(aus: *Frankfurter Allgemeine Zeitung* vom 4. 5. 1976)

Wörterverzeichnis

¹ Moderator, -s, -en		Redakteur, der eine dokumentarische Radio- oder TV-Sendung kommentierend begleitet
² e Magazinsendung, -en		Rundfunk- oder Fernsehsendung, die über (meist politische) Tagesereignisse informiert und sie kommentiert

95

³ r Arbeitskampf, -es, ⸗e   gemeint ist hier der zweiwöchige Streik der Drucker im April 1976
⁴ nobel   vornehm, großzügig
⁵ e Fakultät, -en   wissenschaftliche Abteilung an der Universität, hier im übertragenen Sinne
⁶ e Aktie, -en   Anteilschein am Grundkapital eines großen Unternehmens
   r Kurs, -es, -e   der sich ändernde Preis von Wertpapieren oder Währungen
⁷ e Dividende, -n   der jährlich auf eine Aktie entfallende Anteil am Reingewinn
⁸ e Story, -s   die unterhaltsame Geschichte
⁹ e Aussperrung, -en   der Arbeitgeber verweigert Arbeitnehmern die Möglichkeit zu arbeiten, als Gegenmaßnahme gegen einen Streik
¹⁰ r Muffel, -s, -   mürrischer, tatenloser Mensch
¹¹ Konversation machen   sich (ohne inneres Interesse) unterhalten
¹² e Euphorie, -n   Hochstimmung
¹³ r Clinch, -es, o.pl.   Umklammern und Festhalten des Gegners beim Boxkampf

A. Fragen zum Textverständnis

1. Welche Bedeutung maßen die Bürger der Presse zu, als sie bei einem Druckerstreik zwei Wochen lang keine Zeitungen bekamen?
2. Was entgeht den Menschen, wenn keine Zeitungen erscheinen?
3. Wie änderten sich während des Streiks die Gewohnheiten beim Frühstück?
4. Warum freute sich der süddeutsche Oberbürgermeister über den Streik?

B. Weiterführende Fragen

1. Welche vergleichbaren Erfahrungen machten die fernsehlose Familie in Text 1 und die Zeitungskunden während des Druckerstreiks?
2. Wie kommt es, daß sich die Zeitungen und Zeitschriften auch im Zeitalter von Funk und Fernsehen behaupten können?
3. Wie kann die Presse den Leser manipulieren? Was kann der Leser dagegen tun?

C. Drücken Sie den Inhalt der folgenden Sätze mit Worten aus dem Text aus.

1. Der Redner *drückte* seine Genugtuung über das Ende des Arbeitskampfes *aus*. (4)
2. *Die Presse verfügt* heute *über* vielfältige Möglichkeiten, Informationen zu erhalten. (7)
3. Die starke *Abhängigkeit von der* Presse wurde beim Druckerstreik deutlich sichtbar. (10)
4. Der Artikel über das Drogenproblem fand *keine Zustimmung*. (13)
5. Ein Reporter *beobachtete*, wie ein Zeitungshändler von seiner Kundschaft beschimpft wurde. (24)
6. *Verärgert bemerkte* mein Vater, daß es schon wieder keine Zeitung gab. (38)

D. Verneinen Sie die folgenden Sätze (verwenden Sie: nicht, nichts, kein).

1. Gibt es eine Alternative für diese Zeitung?
2. Meinst du, es war rücksichtsvoll von Rudolf, so zu handeln?
3. Wir haben alle geahnt, wie sehr uns die Zeitungslektüre fehlen würde.
4. Seine Worte fanden Beifall beim Publikum.
5. Seine Initiative wurde von den Betroffenen gelobt.
6. In der Zeitung fanden sich Fußball-Tabellen und Aktienkurse.
7. Die Kunden wußten etwas von den neuerlichen Schwierigkeiten.

Text 4

„Wir senden Herzlichkeit"
– das deutsche Programm von Radio Luxemburg[1] –

Zwei von drei Teenagern[2] in der Bundesrepublik sind Stammkunden von Radio Luxemburg, 15,5 Millionen Bundesbürger hören diesen Sender wöchentlich mindestens einmal – das ist eine größere Hörerbeteiligung als bei jedem deutschen Sender.
Radio Luxemburg zielt aufs Gemüt – Musik, Witze im frisch-fröhlichen Ton, Unverbindliches. Es will sich „unmittelbar an die Menschen mit ihren Sorgen und Nöten wenden". Wenn ein Hörer anruft, daß sein Hund entlaufen, oder wenn die Polizei mitteilt, daß eine Straße durch Unfall gesperrt sei, geht die Meldung sofort ins Programm.
Der Sender strahlt es täglich zwölf Stunden über vier Wellen und nach 18 Uhr

weitere sieben Stunden über die Ultrakurzwelle aus. Im Frühjahr und im Herbst werden bis zu fünfzehn Prozent der Sendezeit mit Werbung ausgefüllt.

Radio Luxemburg wird vor allem in Nordrhein-Westfalen, aber auch bis Moskau und Leningrad gehört. In den Kasernen der Ostblockstaaten wird fast ausschließlich Luxemburg gehört. Die tschechische Zeitschrift Allgemeine Militär-Revue klagte: „Dieser Sender ist die raffinierteste[3] Form der psychologischen Kriegführung des Westens". Natürlich verkennt ein solches Urteil die Absichten eines kommerziellen Rundfunks, dem es ja nur um die Hörer geht, welche durch seine Reklamesendungen angesprochen werden.

Zwei Redakteure betreuen das gesamte Neunzehnstundenprogramm in deutscher Sprache, werten das eingehende Agenturmaterial[4] aus und sorgen für „Humantouch"-Meldungen, Nachrichten also, die ans Herz gehen. Die vier täglichen Nachrichtensendungen sind anderthalb bis zwei Minuten lang. Weltereignisse schrumpfen auf einen einzigen Satz zusammen. Wer Radio Luxemburg hört, weiß nicht unbedingt, wer Präsident der Vereinigten Staaten ist, aber dafür erfährt er, welche Automarke ein Schlagerstar wie, sagen wir, Ricky Shane bevorzugt.

Sexuelle Themen und solche aus dem Bereich der Kriminalität sind verpönt[5]. Politische Kommentare werden im deutschen Programm nicht gesendet. Auch Probleme wie LSD und Untergrundmusik werden ausgespart. „Die Abseitigkeit von Minderheiten interessiert uns nicht. Wir strahlen Herzlichkeit aus."

Es wird damit ein Durchschnittshörer erreicht, der nach einer Analyse[6] des Senders so aussieht: 26 Jahre alt, Volksschulabschluß, Dreizimmerwohnung, ein bis zwei Kinder; er arbeitet wöchentlich vierzig Stunden, verbringt seinen Urlaub in Italien oder auf Mallorca und hat täglich drei Stunden die „vier fröhlichen Wellen" im Ohr.

Er ahnt nicht, wie sehr er ein Opfer der Manipulation[7] durch Sendungen wird, die nichts weiter als Unterhaltung zu bieten scheinen. Meinung wird jedoch nicht nur durch politische Kommentare und Leitartikel beeinflußt, sondern noch stärker durch die Verbreitung von Konsum- und Denkgewohnheiten. Luxemburg propagiert sie auf einem Niveau, das keine geistigen Ansprüche stellt. Und hat Erfolg damit! Allein das deutsche Programm – weitere Programme werden in französischer, englischer und holländischer Sprache ausgestrahlt – wird in diesem Jahr 60 bis 70 Millionen Mark für Werbung einnehmen. Die Unkosten sind gering. Vierzig Prozent kassieren die Aktionäre[8] des Senders.

(aus: Rolf Düdder, *Wir senden Herzlichkeit*)

Wörterverzeichnis

[1] Radio Luxemburg   dieser private Sender wird durch Werbeeinnahmen finanziert, während die Radiostationen in der BRD vorwiegend durch Gebühren der Hörer finanziert werden und zu einem ausgewogenen Programm verpflichtet sind (sie sind Anstalten des öffentlichen Rechts)
[2] r Teenager, -s, -   Jugendliche zwischen 13 und 19 Jahren
[3] raffiniert   geschickt
[4] e Agentur, -en   Stelle, die Nachrichten sammelt und verbreitet
[5] verpönen   mißbilligen, ablehnen
[6] e Analyse, -n   ins einzelne gehende Untersuchung
[7] e Manipulation, -en   zweckgerichtete Beeinflussung von Menschen ohne deren Wissen
[8] r Aktionär, -s, -e   Besitzer von Anteilscheinen an einem Unternehmen

A. Fragen zum Textverständnis

1. Warum sind die Sendungen von Radio Luxemburg so beliebt?
2. Wo überall wird dieser Sender gehört?
3. Warum mißbilligen es führende Kreise im Ostblock, wenn Radio Luxemburg gehört wird?
4. Warum ist Radio Luxemburg an Hörern in den Ostblockländern kaum interessiert?
5. Welche Art von Informationen (außer Werbung) liefert der Sender seinen Hörern?
6. Welche Themen vermeidet das Luxemburger Programm?
7. Welche Zwecke verfolgt der Sender letztlich?

B. Weiterführende Fragen

1. Vergleichen Sie das Rezept von Radio Luxemburg mit dem anderer Ihnen bekannter Radiostationen?
2. Wie kann sich ein Hörer gegen Manipulation schützen?
3. Hat das Radio trotz der enormen Entwicklung des Fernsehens noch eine Zukunft?

C. Die folgenden Sätze sollen sprachlich, aber nicht inhaltlich mit Hilfe der angegebenen Wörter verändert werden.

1. Radio Luxemburg will sich unmittelbar an die Menschen mit ihren Sorgen und Nöten wenden.
   a) Radio Luxemburg verfolgt die Absicht, ...
   b) Radio Luxemburg spricht . . . . .   an.
   c) Die Menschen . . . . .   angesprochen.
2. In vielen Ostblockkasernen wird bekanntlich Radio Luxemburg gehört.
   a) In vielen Ostblockkasernen hört . . . . .
   b) Radio Luxemburg . . . . .
   c) Es ist . . . . .   wird.
3. Wer Radio Luxemburg hört, erfährt, welche Automarke Udo Jürgens fährt.
   a) Die Hörer . . . . .
   b) Wer Radio Luxemburg hört, erfährt die . . . . .
   c) Man erfährt . . . . .

D. Ergänzen Sie die fehlenden Präpositionen (ggf. mit Artikel).

1. Die Hörerbeteiligung ist hier größer als . . . . . jedem deutschen Sender.
2. Mit diesen Worten zielte er . . . . . meinen Ehrgeiz.
3. Die Deutsche Welle strahlt ihr Programm . . . . . 32 Sprachen . . . . . ihre Kurzwellensender aus.
4. Ihr geht es . . . . . eine möglichst objektive Information ihrer Hörer.
5. Doch auch sie bringt Sendungen, die . . . . . Herzen gehen, z. B. die Sendung „Vergangen – nicht vergessen".
6. Ihre stündlichen Nachrichten dauern fünf . . . . . zehn Minuten.
7. Ihre Kultursendungen bewegen sich . . . . . einem hohen Niveau.

Text 5

Filmsprache

Die Zuschauer im Kino schrien entsetzt auf, manche wandten sich panikartig[1] dem Ausgang zu. Denn auf der Leinwand war ein „abgehackter" Kopf erschienen.
Diese Szene soll sich wirklich abgespielt haben, und zwar um 1910 in Amerika. Der Mann, dem die entsetzten Leute damals den furchterregenden „abgehackten" Kopf zu verdanken hatten, hieß David Wark Griffith.
Nun war Griffith aber kein sadistischer Mörder, der seinen Opfern die Köpfe abhackte und sie dann filmte, sondern ein genialer[2] Filmregisseur. Und jener scheinbar so entsetzliche Anblick war nichts anderes als eine der ersten Großaufnahmen der Filmgeschichte.
Die Panik erscheint heute verständlich. Denn als Griffith seinen „abgehackten" Kopf auf die Leinwand brachte, steckten die künstlerischen Möglichkeiten der Filmsprache noch in den Kinderschuhen. Seit den ersten öffentlichen Filmvorführungen waren kaum fünfzehn Jahre vergangen, und Film war damals nicht mehr als abgefilmtes Theater, von ganz wenigen Ausnahmen abgesehen.
Die ersten Filmregisseure, die Pioniere der neunziger Jahre des vergangenen Jahrhunderts, arbeiteten zunächst ganz theatermäßig. Sie ließen sich Dekorationen[3] bauen, stellten ihre Schauspieler hinein und filmten die Szene mit der damals noch unbeweglichen Kamera aus der Perspektive des Theaterzuschauers, als Gesamtansicht, so daß der Kinobesucher möglichst bequem alles sehen konnte, was am Schauplatz der Handlung vor sich ging.
In der Sprache des Films heißt diese Gesamtansicht „Totale", weil sie den Ort der Handlung in seiner Totalität, seiner Ganzheit zeigt.
Aber schon bald entwickelte sich eine eigenständige Filmsprache, die den Rahmen der Theatertotale sprengte. Griffith zerlegte eine Szene in verschiedene Einstellungen. Er beließ die Kamera nicht in der starren Zuschauerperspektive, sondern veränderte ihren Standort. So verkleinerte er den Abstand zwischen der Kamera und den Aufnahmeobjekten und erreichte dadurch, daß die Theatertotale in mehrere Bildausschnitte aufgelöst wurde. Je näher er mit der Kamera an die Szene heranging, desto größer erschienen die Einzelheiten auf der Leinwand. So war es ihm möglich, zum Beispiel nur noch einzelne Körperteile des Menschen zu zeigen, wie etwa jenen „abgehackten" Kopf. Griffith veränderte die Perspektive[4] des Zuschauers auch dadurch, daß er eine Szene nicht nur frontal[5] aufnahm, sondern die Kamera seitlich versetzte.
Je nach Größe des Bildausschnittes werden die einzelnen Einstellungen „Totale", „Halbtotale", „Nah" und „Groß" genannt. Wenn ein Mensch das Aufnahme-

objekt ist, so zeigt ihn die „Totale" von Kopf bis Fuß mitsamt seiner weiteren Umgebung. Ist die „Totale" das eine Extrem, so ist die Großaufnahme, etwa die einer Hand oder eines Kopfes, das andere.

⁴⁰ Die Einstellungen haben für den Filmschöpfer dieselbe Bedeutung wie die Worte für einen Schriftsteller. Um einen Vorgang zu beschreiben, hat der Schriftsteller die Wahl zwischen verschiedenen Worten, die in einen sinnvollen Zusammenhang gebracht werden müssen. Das Wort des Filmregisseurs ist der richtig gewählte Bildausschnitt, die Einstellung.

⁴⁵ Wie jedes Wort eine besondere Bedeutung hat, so auch jede Einstellung in einem Film. Eine Totale wird ein Regisseur immer dann anwenden, wenn er dem Zuschauer eine Gesamtübersicht des Handlungsschauplatzes geben will. In Filmen, in denen die Landschaft eine beherrschende Rolle spielt, wie etwa in vielen Western, bekommen besonders viele Totalen vor.

⁵⁰ Die Halbtotale stellt den Menschen in seiner näheren Umgebung dar. Sie setzt ihn in direkte Verbindung mit den Dingen, mit denen er lebt, die seine Welt ausmachen.

Je kleiner der Bildausschnitt wird, um so mehr konzentriert sich die Aufmerksamkeit des Zuschauers auf Einzelheiten, bis schließlich in der Großaufnahme ⁵⁵ nur noch ein Detail zu sehen ist. Großaufnahmen werden immer dann angewendet, wenn das Interesse des Zuschauers auf eine besonders wichtige Sache gelenkt werden soll. So gehört die Großaufnahme eines menschlichen Gesichts zu den beliebtesten „Worten" vieler Regisseure. Ein kurzes Zucken des Mundwinkels oder ein kaum merkliches Blähen der Nasenflügel können mehr über ⁶⁰ den Zustand eines Menschen aussagen als viele Worte. Die Großaufnahme bringt diese enthüllenden Einzelheiten zur Geltung.

(aus: Hans C. Blumenberg, *Film positiv*)

Wörterverzeichnis

¹ e Panik, o.pl.	plötzliches Erschrecken; Massenangst
² genial	hervorragend begabt
³ e Dekoration, -en	Bühnengestaltung
⁴ e Perspektive, -n	Blickwinkel
⁵ frontal	von vorne

A. Fragen zum Textverständnis

1. Warum erschraken die Zuschauer bei der Erstaufführung eines Griffith-Filmes?

2. War der Schrecken berechtigt? Was war geschehen?
3. Mit welchen künstlerischen Mitteln arbeitete der Film um die Jahrhundertwende?
4. Welche Neuerungen führte Griffith ein?
5. Welche Bedeutung haben die verschiedenen Einstellungen für die Arbeit eines Filmregisseurs?
6. Welchen wesentlichen Unterschied zwischen Theater und Kino behandelt der vorliegende Text?

B. Weiterführende Fragen

1. Welche anderen Unterschiede zwischen den Möglichkeiten des Films und der Bühne können Sie nennen?
2. Warum sind die Kinos auch im Zeitalter des Fernsehen noch nicht alle verschwunden?

C. Drücken Sie den Inhalt der folgenden Sätze mit Worten aus dem Text aus.

1. *Voll Angst stürzten* die Zuschauer zum Ausgang. (1)
2. Der Mann, der uns diese Erfindung *beschert* hat, heißt Alexander Fleming. (6)
3. Dieser riesige Rummel war *lediglich* ein Reklametrick. (9)
4. Zu Beginn des 19. Jahrhunderts *stand* die Industrie *noch am Anfang ihrer Entwicklung.* (12 f)
5. Thomas Alva Edison war ein *Bahnbrecher* der technischen Entwicklung. (16)
6. Ein derart anspruchsvolles Theater *geht über die Möglichkeiten* einer Schulbühne *hinaus.* (24 f)
7. In Western-Filmen *hat* die Landschaft *eine herausragende Bedeutung.* (48)
8. Dieser modische Hut *läßt* ihr hübsches Gesicht *besonders vorteilhaft in Erscheinung treten.* (60 f)

D. Ergänzen Sie im folgenden Text die korrekte Endung des Adjektivs oder Partizips.

1. Auf der Kinoleinwand war ein „abgehackt..." Kopf zu sehen.
2. Mit dieser künstlerisch... Neuerung erzielte Griffith einen Aufsehen erregend... Erfolg.
3. Der Regisseur war kein erbittert... Gegner des herkömmlich... Theaters, sondern ein Künstler, der mit genial... Gespür die spezifisch... Möglichkeiten des Films erkannte.

4. Mit Ausnahme einig... avantgardistisch... Versuche waren Filme damals nichts ander... als abgefilmt... Theater.
5. Erst die Regisseure der zwanzig... Jahre unseres eigen... Jahrhunderts entwickelten die besonder... Möglichkeiten des Films.
6. Durch abrupt... Schnitte etwa wird eine Szene in mehrer... Teilszenen zerlegt.

Die Werbung

Text 1

Die Verführung der Kunden

Pardon, Sie sind ein Beutetier.
Zugegeben, das klingt nicht gerade scharmant[1]. Doch die Feststellung der Beutegier ist wissenschaftliche Erkenntnis. Psychologen, die für viel Geld zugunsten des Handels arbeiten, erklären die Beutetier-Theorie so:
„Die Augen, die Nase und die Ohren des Menschen, seine wichtigsten Sinnesorgane also, sind von Natur aus stets nach vorn gerichtet. Deshalb geht das Bestreben des Menschen auch immer dahin, sich den Rücken nach Möglichkeit freizuhalten. Denn nur in seinem Rücken kann ein Feind sich unbemerkt und listig nähern, ihm die Beute streitig machen."
Die Supermärkte nutzen diese Erkenntnis logisch aus: Alle Waren, die sie – aus welchem Grund auch immer – vorzugsweise oder schnell an die Käufer bringen

wollen, drapieren[2] sie in Wandregale, beispielsweise leicht verderbliches Obst und Gemüse, Milchprodukte und Fleisch. Denn an der Wand fühlt sich das Beutetier ungleich geschützter.

Niemals werden Waren, um deren Absatz der Händler verlegen ist, in der Mitte des Geschäftes angeboten. Denn in der Mitte empfindet das Beutetier erhöhte Gefahr. Die Mitte ist ihm unsympathisch. Dort kann es leichter angegriffen werden. Dort hält es sich nicht gern auf.

Eine weitere Verkaufsmethode für diese Masche[3] sind Sonderangebote in „Stoppern". Stopper sind Gondeln oder Körbe, die den Käufern mit voller Absicht mitten in den Weg gestellt werden, die sie auf ihrem Eilmarsch durch die Regalflucht[4] zu bremsen versuchen. Was heißt versuchen? Es gelingt ihnen.

Solche Stopper sind innerhalb der Supermarkt-Psychologie fast schon wieder ein Spezialgebiet. So werden sie niemals bis zum Rand gefüllt. Denn daraus ließe sich folgern: „Aha, da will keiner ran. Das taugt bestimmt nichts."

Stopper sind andererseits auch nie weniger als zur Hälfte gefüllt. Das nämlich könnte den Eindruck erwecken: „Die wollen mir was andrehen.[5] Das sind minderwertige Reste."

Stopper werden von aufmerksamen Geschäftsführern stets zu 4/5 gefüllt gehalten. Oder anders: voll, doch mit scheinbaren Anbruchslücken. Dann sind sie am verführerischsten.

Der besondere Trick dabei: Im Gegensatz zu den sonst sorgfältig geordneten Regalen darf der Kunde in der Stolpersteingondel nach Herzenslust wühlen, sich das Beste, wie er meint, heraussuchen, ohne dafür mehr zahlen zu müssen; denn jedes Stück kostet 98 Pfennig.

Mag sein, daß eine gewiefte[6] Hausfrau wirklich das beste Stück aus der Gondel angelt, denn die Dosen oder Päckchen sind gemischt kalkuliert[7]. Aber eins hat sie möglicherweise über allem vergessen: Daß sie den Thunfisch gar nicht braucht.

Und noch etwas: Die Supermärkte gehören nicht der Heilsarmee[8]. Verschenkt wird nichts. Auch am Sonderangebot wird noch verdient.

Der Kern, das Grundelement aller Verkaufs-Psychologie aber heißt: „Der Handel muß immer wieder Wünsche wecken und verborgene Wünsche bis zum Kaufentschluß steigern."

Der Wecker heißt Eye-Appeal, die aufwendigste[9], wohl aber auch einträglichste[10] Art der Verführung. Merke: Eye-Appeal-Waren sind nur selten Güter, die auf dem Einkaufszettel stehen.

Eye-Appeal bedeutet soviel wie Ausstrahlung aufs Auge. Eye-Appeal-Dekorationen fallen auf, sie heben sich kraß von der nüchternen Supermarkt-Landschaft ab. Ein Beispiel:

Das große, scheinbar hundert Jahre alte Holzfaß an der Wand, vor der sich der

Geist des Weines stapelt. Das künstliche Mauerwerk, die Kellermeister-Atmosphäre, die einlädt, den Wein zu probieren.

Oder die Pop-Bar in einer Ecke des Supermarktes mit dem scheinbar bestgemeinten Appell an die Lebensfreude: „Machen Sie doch mal wieder eine Party!" Natürlich erkennt man dann auch mit demselben Blick, wie leicht es doch heutzutage ist, eine Party zu geben. Man muß nur zugreifen. Alles liegt fix und fertig beieinander: Cocktailzutaten, Salzgebäck und Papierservietten.

Alles ist übrigens auch an anderen Stellen des Ladens zu finden, allerdings nach Waren sortiert und nicht nach Gelegenheiten. Kontrollieren Sie das mal. Vermutlich sind Sie achtlos daran vorübergegangen.

(von: Rudolf Weschinsky. – aus: *Welt am Sonntag* vom 9. 8. 1970)

Wörterverzeichnis

1	scharmant	liebenswürdig
2	drapieren	hübsch anordnen
3	e Masche, -n	Trick, geschickter Einfall
4	e Regalflucht, o.pl.	lange Reihe von Regalen
5	jmdm. etwas andrehen	mit List verkaufen
6	gewieft	schlau, durch Erfahrung klug
7	gemischt kalkulieren	einen Durchschnittspreis für Waren von unterschiedlichem Wert festsetzen
8	Heilsarmee, o.pl.	1865 von W. Booth gegründete, militärisch gegliederte, religiöse Gemeinschaft, die die soziale Not zu lindern sucht
9	aufwendig	mit viel Geld und Mühe gemacht
10	einträglich	gewinnbringend

A. Fragen zum Textverständnis

1. Woran kann man heute noch erkennen, daß die Urahnen des Menschen „Beutetiere" waren?
2. Wie nützt der Handel diese „Beutetier-Eigenschaft" des Menschen aus?
3. Warum stehen in Selbstbedienungsläden Warenkörbe mitten auf den Gängen?
4. Warum sind „Stopper" stets etwa zu $4/5$ gefüllt?
5. Warum kaufen die Kunden meist mehr, als sie sich ursprünglich vorgenommen haben?

6. Warum ist der Appell „Machen Sie doch mal wieder eine Party!" so werbewirksam?
7. Warum greifen die Kunden zu den Cocktailzutaten eher an der Pop-Bar als in den Warenregalen?

B. Weiterführende Fragen

1. Wäre es besser, wenn der alte Krämerladen die modernen Supermärkte wieder ersetzen würde?
2. Müssen der Werbung Grenzen gesetzt werden? Wenn ja, welche?
3. Kann sich der Kunde gegen die Verführung durch die Werbung schützen?

C. Drücken Sie den Inhalt der folgenden Sätze mit Worten aus dem Text aus.

1. Deine Antwort *hört sich* nicht gerade begeistert *an*. (2)
2. Verderbliche Waren will jeder Händler möglichst schnell *verkaufen*. (11)
3. Diese altmodischen Schuhe, *die* will keiner *kaufen*. (25)
4. Gestern auf dem Obstmarkt wollte mir einer *heimlich* lauter angeschlagene Äpfel *verkaufen*. (27)
5. Du darfst in dem Warenkorb wühlen, *soviel du willst*. (33)
6. Das geschmackvoll gebaute Eigenheim der Familie Marstein *unterscheidet sich* angenehm *von* den gleichförmigen Reihenhäusern ringsum. (49 f)
7. Meine Sachen für die Reise habe ich *vollständig* beisammen. (57)

D. Ersetzen Sie in den folgenden Sätzen die Modalverben durch andere Ausdrücke.

Beispiele: können = vermögen, imstande sein, in der Lage sein
wollen = die feste Absicht haben, bestrebt sein

1. Der Mensch *will* sich immer den Rücken freihalten.
2. Die Stopper *sollen* die Kunden auf ihrem Weg durch den Laden bremsen.
3. Daraus *ließe sich* folgern: „Aha, da *will* keiner ran."
4. Der Kunde *darf* in den Stoppern das Beste heraussuchen, ohne dafür mehr zahlen zu *müssen*.
5. *Mag* sein, daß eine gewiefte Hausfrau wirklich das beste Stück entdeckt.
6. Man *darf* sich durch die Werbetricks nicht *verwirren* lassen.
7. Man *muß nicht* jede Mode mitmachen.

Text 2

Werbetexte

1. Beispiel: Reklame für Margarine

(Bild: Junge führt einen Hund im Gras)

Am 12. Mai 2001 wird er 40. – Wie gesund ist er dann?
Er macht sich keine Sorgen um seine Gesundheit. Braucht er auch nicht. Noch liegt es an uns, ihm die besten Voraussetzungen für eine gesunde Zukunft mitzugeben. Durch richtige Ernährung. Mit Pflanzen-Margarine.
Von klein auf vernünftig essen, dazu gehört in erster Linie das richtige Fett. Mit lebenswichtigen Pflanzenöl-Wirkstoffen, die gerade der kindliche Organismus braucht. Diese Pflanzenöl-Wirkstoffe, auch mehrfach ungesättigte Fettsäuren genannt, helfen mit, den Fettabbau im Blut zu beschleunigen, den Organismus zu entlasten und die Blutgefäße jung zu erhalten. Pflanzen-Margarine hat einen außerordentlich hohen Gehalt an diesen Wirkstoffen – 20 bis 30% durchschnittlich. Deshalb gehört Margarine zur gesunden Kost für Heranwachsende – Margarine aus leicht bekömmlichen Pflanzenölen von der Sonnenseite der Erde.
Darüber sollten Sie sich kostenlos informieren. Auf Anforderung erhalten Sie wissenschaftlich fundiertes[1] Material vom Margarine-Institut für gesunde Ernährung, Abteilung Forschung und Information. (Adresse)
Pflanzen-Margarine. Voll Sonne und Gesundheit.

2. Beispiel: Reklame für Butter

(Bild: kleiner Junge mit Butterbrot, von jungem Vater gehalten)

Was den Kleinen lieb ist, ist den Großen nicht zu teuer. Für seine Kinder will man das Beste. Und das Beste ist nun mal nicht immer das Billigste. Aber oft seinen Preis wert. Was Butter so wertvoll macht, ist mehr als ihr guter Geschmack:
Butter gibt Kräfte zum Wachsen. Butter hat 76 Fettsäuren, 9 Vitamine, Milchzucker, Mineralsalze, Aromastoffe, Spurenelemente[2], lebenswichtige Enzyme[3] und wertvolles Lezithin[4]. Und alles, was in der Butter ist, braucht der Körper.
Butter gibt Ausdauer. Der ganze reiche Wertgehalt der Butter wird zu 95% vom Organismus aufgenommen. Neben schneller Energie gewinnt der Körper lang anhaltende Kraftreserven.
Butter fördert die Konzentration. Sie ist nahezu reine Energie. Sie belastet den Körper kaum mit Verdauungsarbeit. Butter schont Herz und Kreislauf, denn der Schmelzpunkt der Butter liegt unter Körpertemperatur.

> **Ideale Getränke für heiße Tage**
>
> **Sauermilch & Buttermilch**
>
> – schmecken köstlich-erfrischend und sind wertvoll wie alles aus Milch.
>
> **Unser Tip:**
> Obst zerkleinern, mit Sauer- oder Buttermilch verquirlen, nach Geschmack zuckern und gekühlt servieren.
>
> Landesvereinigung der Bayerischen Milchwirtschaft

Was für die Kleinen seinen Preis wert ist, das ist auch für die Großen nicht zu
15 teuer: gesunde, naturreine Butter.

(Emblem[5] mit Inschrift:) Aus deutschen Landen frisch auf den Tisch
Essen aus Deutschland – naturgesund mit Deutscher Markenbutter

(Am unteren Rand:) Wir informieren Sie gern näher, warum Butter für eine
gesunde Ernährung so wichtig ist. – Bitte senden Sie Ihre Anschrift und DM 0,40
20 in Briefmarken an: Centrale Marketinggesellschaft[6] der deutschen Agrarwirtschaft mbH[7]. (Adresse)

Wörterverzeichnis

[1]	fundiert	begründet, durch Beweise unterstützt
[2]	Spurenelemente (pl.)	anorganische Grundstoffe, die in geringsten Mengen lebensnotwendig sind
[3]	s Enzym, -s, -e	organische Verbindung, die den Stoffwechsel des Körpers steuert
[4]	s Lezithin, -s, o.pl.	Stoff, der die Nerven stärkt
[5]	s Emblem, -s, -e	Kennzeichen, Sinnbild
[6]	s Marketing, -(s), o.pl.	auf Verbesserung der Verkaufsmöglichkeiten gerichtete Tätigkeit
[7]	e GmbH	Gesellschaft mit beschränkter Haftung (Firma mit mehreren Teilhabern)

A. Fragen zum Textverständnis

a) der Margarine-Anzeige:

1. Wodurch wird mit Bild und Überschrift die Aufmerksamkeit des Zeitungslesers erregt?
2. Welchen wesentlichen Wunsch der Menschen macht sich diese Anzeige zunutze?
3. Warum wurden die Vorteile des Margarinekonsums ausgerechnet an einem Kind veranschaulicht?
4. Wozu dienen die biologischen Facherläuterungen und das Angebot von wissenschaftlichem Material?
5. Welche psychologische Überlegung führt zur zweimaligen Verwendung des Begriffs „Sonne"?

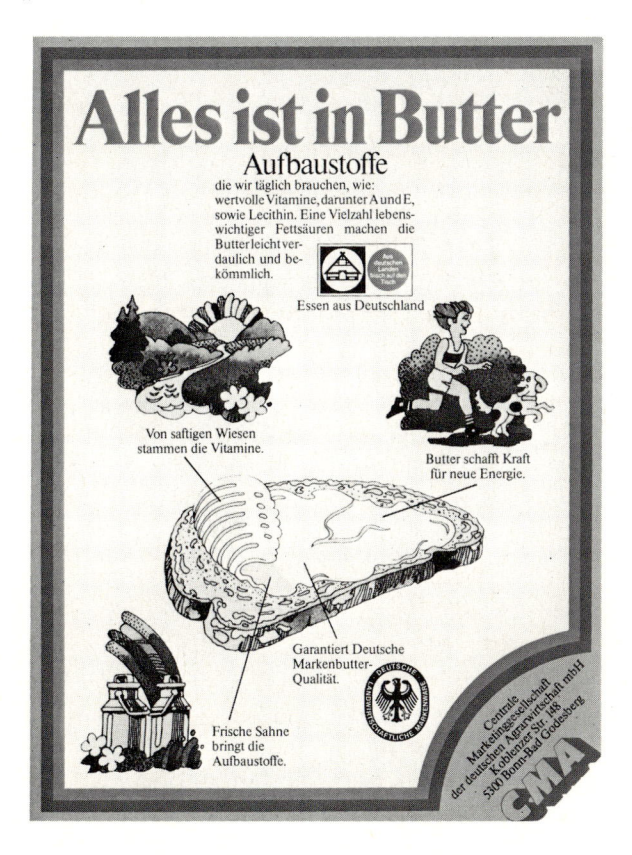

b) der Butter-Anzeige:

1. Butter ist teurer als Margarine. Wie wird dieser Sachverhalt als verkaufsförderndes Argument benutzt?
2. Chemische Fachausdrücke sagen dem Durchschnittsverbraucher nicht viel. Warum werden sie trotzdem hier verwendet?
3. Welche Wertvorstellungen, welche die Margarine-Werbung anspricht, sollen auch von diesem Inserat ausgenützt werden?
4. Welche weiteren positiven Eigenschaften werden der Butter zugeschrieben?
5. Welche syntaktischen Mittel verwenden beide Texte? Welche Absicht leitet die Autoren dabei?

B. Weiterführende Fragen

1. Ist der Verbraucher nach der Lektüre derartiger Annoncen zu einer sachgerechteren Kaufentscheidung fähig?
2. Sind Werbeinserate für Margarine und Butter nicht hinausgeworfenes Geld?

C. Drücken Sie den Inhalt der folgenden Sätze mit Worten aus dem Text aus.

1. Es *hängt von dir ab,* ob du gesund bleibst oder nicht. (1/3)
2. *Für eine* richtige Ernährung *braucht man vor allem* Eiweiß, Fett und Vitamine. (1/5)
3. *Auf Wunsch* geben wir Ihnen gern weitere Auskünfte. (1/13)
4. Kostet diese Uhr wirklich hundert Mark? *Das ist sie nicht wert!* (2/3)
5. Stille *dient der Fähigkeit, seine Aufmerksamkeit auf eine bestimmte Sache zu richten.* (2/11)

D. Verbinden Sie die folgenden Satzpaare zu Infinitivkonstruktionen.

Beispiel: Er macht sich keine Sorgen um seine Gesundheit. Das braucht er auch nicht.
Lösung: Er braucht sich keine Sorgen um seine Gesundheit zu machen.

1. Wir müssen ihm die besten Voraussetzungen für die Zukunft mitgeben. Das liegt an uns.
2. Man braucht das richtige Fett. Nur so ernährt man sich zweckmäßig. (um zu)
3. Wer keine Werbung treibt, kann ein neues Produkt nicht verkaufen. (ohne zu)

4. Der Verkauf von Butter soll gesteigert werden. Das versucht diese Werbekampagne.
5. Achten Sie nicht auf die Reklame! Prüfen Sie selbst kritisch! (anstatt zu)
6. Holen Sie kostenlose Informationen ein! Das empfehlen wir Ihnen.

Text 3

Mit Beffchen[1]

Clementine, der Tchibo-Experte, der einsame Marlboro-Reiter, die schönen unbekannten Mädchen in den Werbeanzeigen haben merkwürdige Gesellschaft bekommen: geistliche Herren, mal im römisch-katholischen Priesterkragen, mal mit dem protestantischen Beffchen. Die meist etwas älteren Pfarrherren werben für vieles: Knorr-Linseneintopf, Racke-Whisky, Old Red Fox-Bourbon, Bitburger Pils, Gold Teefix-Aufgußbeutel, Jogurette-Milchschokolade, das Geschirrspülmittel Calgonit, den Fiat 132 GLS.
Was führt die Gottesmänner in dieses ungewohnte Metier[2]? Sie stellen die Produkte, für die sie werben, ja doch nicht selber her, wie die netten dicken Mönche auf den zahllosen Käse-, Bier- und Likörreklamen. Sie haben daran auch keinen besonders großen Bedarf, jedenfalls wäre mir das bei Milchschokolade und Spülmitteln neu. Nicht Hersteller, nicht Zielgruppe[3] – als was tauchen die Pfarrer dann in der Werbung auf? Und wieso plötzlich so zahlreich? Vielleicht ist dafür nicht nur die „religiöse Welle" verantwortlich – sie könnte immerhin das Auftauchen der vielen Englein und der frommen Sprüche erklären oder das der Hochzeiten und Taufen etwa in der Kaffeewerbung.
Ich vermute, daß den Werbeagenturen überdies die überraschenden Feststellungen der jüngsten kirchlichen Meinungsumfragen nicht entgangen sind. Eine Studie[4], durchgeführt von einem Wiesbadener Institut für Absatzforschung und veröffentlicht unter dem Titel „Wie stabil ist die Kirche?", hatte erbracht, „daß die Bedeutung und die Reichweite der Berufsgruppe der Pfarrer ungleich viel größer ist, als die kirchliche Institution und die Pfarrer selbst meinen."
Ernst Lange schrieb zu den Ergebnissen: „Der Pfarrer ist ein Darsteller. In allem, was er tut, stellt er die wirksame Präsenz[5] der religiös-moralischen Tradition dar und her ... Der Pfarrer ist ein Darsteller, und sofern er nicht Beliebiges darstellt, sondern Tradition, Heimat, Kontinuität, Sinn und Wert, das, was mein Dasein trägt und orientiert, ist er nicht nur Darsteller, sondern auch Bürge."[6]

Tradition, Sinn und Wert — genau das aber fehlt den Produkten des 20. Jahrhunderts. Wenn ein Darsteller und Bürge für Tradition, Sinn, Wert danebensteht, mag er davon etwas abgeben an so traditionslose Kunstprodukte wie z. B. ein Maschinenspülmittel.

Der amerikanische Massenkommunikationsforscher George Gerbner nennt so etwas eine „symbolische Funktion". Die Pfarrer sind in den Anzeigen meist nur ein Symbol unter anderen, eben das für Tradition. Oft dienen sie als Blickfänger und werden deshalb in der linken Bildhälfte postiert, dort, wo wir bei einer Bildbetrachtung beginnen. Unserem Aufmerksamkeitsverlauf folgend, tritt an ihre Stelle in aller Regel das Produkt, oft rechts unten mit dem Herstellernamen eindeutig identifiziert[7] (Fiat, Calgonit, Bit, Gold Teefix, Old Rex Fox, Racke). Gerbner sieht damit die Funktionen des kommerziellen Gesamtsymbols Anzeige vollzogen: das Teilsymbol Pfarrer sorgt für die Attraktivität, das Teilsymbol Produktabbild für die Identität der Ware. Seine bedenkenswerte Folgerung: Das für Aufmerksamkeit und Attraktivität sorgende Teilsymbol hat damit seine ursprünglichen Funktionen verloren. Bisher war dies das Schicksal vor allem der vielen namenlosen Mädchen – jetzt hat dieses Schicksal auch die Pfarrer ereilt.

Sollten die Pastoren sich geschmeichelt fühlen, daß ihr Stand[8] immerhin noch so attraktiv ist, um für Mittelklasseautos und gehobene Alkoholika herhalten zu können? Oder sollten sie darüber eher entsetzt sein? So oder so: ein unbefangenes Verhältnis zu ihrem öffentlichen Image[9] ist den Geistlichen noch selten geglückt.

(von: Horst Albrecht. – aus: *Deutsches Allgemeines Sonntagsblatt* vom 18. Juni 1976)

Wörterverzeichnis

[1] s Beffchen, -s, -	Halsbinde, typisch für lutherische Pfarrer
[2] s Metier, -s, -s	(meist scherzhaft für:) Gewerbe, Geschäft
[3] e Zielgruppe, -n	Gruppe von Menschen, die mit einer bestimmten Absicht angesprochen wird
[4] e Studie, -n	wissenschaftliche Untersuchung
[5] e Präsenz, o.pl.	Anwesenheit, Vorhandensein
[6] r Bürge, -n, -n	jmd., der für einen anderen haftet, Sicherheit leistet
[7] identifizieren	feststellen, wer jmd. (was etwas) ist
[8] r Stand, -es, ⸚e	Berufsgruppe
[9] s Image, -s, -s	Persönlichkeitsbild

A. Fragen zum Textverständnis

1. Welche Personengruppe wird hier zu Werbezwecken eingesetzt?
2. Warum ist dies nach den üblichen Vorstellungen so überraschend?
3. Welche Werte verkörpern die Geistlichen im Bewußtsein der Öffentlichkeit?
4. Warum sind diese Werte so werbewirksam?
5. Welche Funktion hat die Darstellung eines Pfarrers im Aufbau eines Reklamebildes?
6. Wie werden sich die Geistlichen zu diesem Trend in der Werbung stellen?

B. Weiterführende Fragen

1. Wird auch in Ihrem Heimatland mit der Abbildung von Geistlichen geworben? Wenn ja, warum – wenn nein, warum nicht?
2. Inwiefern wird eine objektive Information über das angepriesene Produkt durch die Symbol-Reklame beeinträchtigt?
3. Beantworten Sie die im letzten Absatz gestellten Fragen.

C. Bilden Sie Sätze unter Verwendung der angegebenen Ausdrücke.

1. Angepriesene Waren – keinen großen Bedarf haben
2. Bürgen für Wert und Tradition – in der Werbung auftauchen
3. Feststellungen der Meinungsforschungsinstitute – der Aufmerksamkeit nicht entgehen
4. Durch sein Handeln und Sprechen – moralische Tradition darstellen
5. Traditionslose Kunstprodukte – Sinn und Wert abgeben
6. Als Blickfänger dienen – in die linke Bildecke postiert werden

D. Verwandeln Sie die folgenden Sätze ins Passiv.

1. Heute wirbt man für alle Arten von Produkten.
2. Dieses Produkt stellte die Firma Lindermann her.
3. Wenn man uns die Funktion der Pfarrer in den Werbeanzeigen erklären würde, könnten wir weiterdiskutieren.
4. Diese Studie hat das Wiesbadener Institut zur Absatzforschung durchgeführt.
5. Wie hätten die Kirchenleitungen vor 30 Jahren reagiert, wenn man Reklamebilder mit Pastoren veröffentlicht hätte?

Text 4

Werbung = Geldverschwendung?

Es wird immer die Frage gestellt, ob man nicht die gewaltigen Beträge, die für die Werbung ausgegeben werden, wirtschaftlich besser einsetzen könnte. Und in der Tat hat es auf den ersten Blick etwas Faszinierendes[1] zu sagen, statt 10 Millionen DM Werbung sollte eine Firma nur für 5 Millionen werben. Spielend würde sich dann in Tarifkonflikten[2] die Diskussion um Zehntelprozente erübrigen. Oft meint man auch, daß die Werbung die Produkte verteuere und daß sie bei einem Wegfall eben billiger würden.

Es ist daher gut, einmal darüber nachzudenken, was eigentlich die Grundlagen dieser Marktwirtschaft sind. Sie beruht darauf, daß jeder nach den Gesetzen der Gewerbefreiheit ein beliebiges Produkt herstellen kann und dieses nach den Regeln des Wettbewerbs im Markt verkauft. Er muß daher auf sein Produkt aufmerksam machen, und er muß vor allen Dingen, um zu rentabler[3] Produktion zu gelangen, einen guten Verkauf erzielen. Die Erfahrung zeigt, daß, je mehr ein Hersteller von einer Ware verkauft, um so billiger die Ware geliefert werden kann. Unsere gesamte Zivilisation beruht darauf, daß wir heute über Waren verfügen, die durch Massenproduktion zu einem für jeden erschwinglichen Preis bezogen werden können. Ein Fernsehapparat ohne Serienproduktion wäre unter 10 000 DM nicht zu erhalten. Die Erfindung der Arbeitsteilung, die am Beginn der industriellen Revolution stand, ermöglichte einen Herstellungspreis für Automobile, die gerade diesen Gegenstand zum Mittelpunkt unserer Kommunikation hat werden lassen.

Technischer Fortschritt ist nur durch Wettbewerb denkbar. Wettbewerb beinhaltet erfolgreiches Verkaufen, erfolgreiches Verkaufen beinhaltet Werbung.

Ohne Werbung würde der gesamte Verkaufsmarkt verflachen. In immer stärkerem Maß würden sich die sogenannten Markenzeichen[4] durchsetzen und nur ihre Marktanteile verteidigen. Ein neues Produkt kann bekanntlich ohne Werbung überhaupt nicht in den Handel kommen und an den Verbraucher gelangen. Durch die Aufklärung, in diesem Fall die Anzeigen, erfährt man, daß ein neues Produkt mit besseren Qualitäten zu billigerem Preis herausgekommen ist. Das zwingt dann in den meisten Fällen die Hersteller der seitherigen Erzeugnisse, sich nach der neuen Konkurrenz zu richten.

Den Geschmack der Verbraucher, seine Freude an neuen Erzeugnissen, kann man nur mit Werbung zufriedenstellen. Die Werbung ist also das A und O einer sich ständig mühenden Wirtschaft. Sie hält überhaupt auf die Dauer den Markt lebendig.

Oftmals hatte ich Gelegenheit, Länder zu besuchen, in denen es keine Werbung

gibt. Das sind die Staaten jenseits des „Eisernen Vorhangs". Die Zeitungen und Zeitschriften, die dort erscheinen, bringen kaum ein Inserat. Die Schaufenster sind, mit wenigen Ausnahmen an den Paradestraßen der großen Städte, die von den westlichen Touristen aufgesucht werden, ohne jeden Kaufanreiz.
Das können wir uns überhaupt nicht vorstellen. Wenn bei uns die Werbung stirbt, dann stirbt auch die freie Marktwirtschaft. Dann sind wir genauso arm wie die jenseits des „Eisernen Vorhangs".
Ich will nicht verhehlen, daß es auch Auswüchse[5] in der Werbung gibt, die mir manchmal nicht gefallen. Aber deswegen darf man dieses entscheidende Verkaufsinstrument nicht zerstören; denn ohne die Werbung hätten wir unseren heutigen Wohlstand nie erreicht.
Dies muß gerade jenen gesagt werden, die unaufhörlich gegen die Werbung zu Felde ziehen, in Wirklichkeit aber damit unsere Wirtschaftsordnung treffen wollen.
Geradezu unerklärlich ist es mir aber, wenn im Fernsehen oder in der Presse Stellung bezogen wird für ein generelles Werbeverbot. Die BUNTE Illustrierte, so habe ich einmal ausgerechnet, würde ohne Werbung weit über 5 DM kosten. Das Fernsehen müßte ohne Werbung an Stelle von 10 DM mindestens 30 DM verlangen. Eine Tageszeitung würde dann pro Exemplar 2 DM kosten.
Es wäre ganz klar, daß das gesamte System von Information und Meinungsvielfalt sich schlagartig verändern würde. Und dies können in der Tat nur jene wollen, denen an einer radikalen Abschaffung aller Institutionen unseres Staates gelegen ist.

(aus: Franz Burda, *Wozu überhaupt Werbung?*)

Wörterverzeichnis

[1] faszinieren — verlocken, begeistern
[2] r Tarifkonflikt, -es, -e — Streit um Lohnerhöhung
[3] rentabel — lohnend, gewinnbringend
[4] s Markenzeichen, -s, - — Produkt bekannter Firmen
[5] e Auswüchse (pl.) — nachteilige Nebenerscheinungen

A. Fragen zum Textverständnis

1. Was sollte man – nach weit verbreiteter Ansicht – mit dem für Werbezwecke ausgegebenen Geld machen?
2. Was versteht man unter „Marktwirtschaft"?

3. Welche Grundsätze muß jeder Produzent im Rahmen der Marktwirtschaft beachten?
4. Wodurch wird Wohlstand in einer modernen Industriegesellschaft überhaupt erst möglich?
5. Welcher Zusammenhang besteht zwischen technischem Fortschritt und Werbung?
6. Wie unterscheidet sich das Wirtschaftsleben in den Staatshandelsländern von dem in Ländern mit freier Marktwirtschaft?
7. Welche Folgen hätte der Wegfall von Reklame für die Welt der Massenmedien und damit letztlich für das Gesellschaftsgefüge in den westeuropäischen Ländern?

B. Weiterführende Fragen

1. Welche „Auswüchse in der Werbung" halten Sie für unerfreulich?
2. Halten Sie alle Thesen des Illustriertenverlegers Burda für überzeugend? (Prüfen Sie hierbei besonders die letzten drei Absätze!)
3. Was halten Sie von der Gegenthese (vgl. dazu Text 1), daß die Werbung die Menschen dazu verführt, nur noch dem Gelderwerb zu leben, damit sie soviel als möglich konsumieren können, und daß sie damit den eigentlichen Sinn des Lebens verfehlen?

C. Drücken Sie den Inhalt der folgenden Sätze mit Worten aus dem Text aus.

1. Kann man die *enormen Geldsummen, die für* das Militär *aufgewendet* werden, nicht sinnvoller *ausgeben*? (1 f)
2. In Zeiten der Hochkonjunktur ist bei *Auseinandersetzungen von Arbeitgebern und Arbeitnehmern um die Lohntabellen* das Handeln um Pfennige *überflüssig.* (5)
3. Ziel jedes Fertigungsbetriebes ist es, *Waren gewinnbringend herzustellen.* (12 f)
4. Serienproduktion führt dazu, daß die gefertigte Ware zu einem Preis *zu haben ist, den* viele *Kaufinteressenten bezahlen können.* (16 f)
5. Seit einigen Tagen ist eine neue Limonadenmarke *in den Geschäften zu sehen.* (27)
6. Die Zeitungen im Ostblock *enthalten* kaum *Reklame.* (38)
7. In seiner Rede vor dem Journalistenkongreß *wandte sich* der Minister *energisch gegen* die Auswüchse der Werbung. (48 f)

D. Setzen Sie die angegebenen Verben in die jeweils passende Form des Irrealis.
1. (Können) man nicht die Ausgaben für Werbung sinnvoller einsetzen?
2. Manche sagen, die Industrie (sollen) nur die Hälfte der bisherigen Summen für Werbung ausgeben. Dann (sich erübrigen) der Streit um Zehntelprozente bei Lohnverhandlungen, und die Waren (billiger werden).
3. Ein Kühlschrank, der nicht serienmäßig gefertigt wurde, (zu erhalten sein) nicht unter 8000 DM.
4. Ohne Werbung (verflachen) der gesamte Verkaufsmarkt.
5. Das Fernsehen (verlangen müssen) ohne Werbung anstatt 10 DM mindestens 30 DM.
6. Ohne die Impulse durch Werbemittel (nehmen) die deutsche Industrie nicht einen solchen Aufschwung.

Flucht aus der Wirklichkeit

Text 1

Im Sog des Rauschgifts

In der Schweiz hat der Alkoholismus bei Jugendlichen unter 19 Jahren in den letzten zwanzig Jahren um 144 Prozent zugenommen, und 1972 schätzte man die Zahl der Rauschgiftsüchtigen[1] auf 15- bis 20 000, während in Schweden von 10 000 die Rede ist (unter Rauschgiften sind hier nicht Haschisch, sondern
5 ausschließlich sogenannte harte Drogen wie Heroin und Opiate aller Art verstanden). Man nimmt an, daß es in den USA über eine halbe Million Heroinsüchtige gibt. Auf den Weg zu den Drogen führt oft ein Überdruß an unserer Leistungs-Konsum-Gesellschaft. Da lohnende Lebensziele anscheinend fehlen, wächst die Versuchung, Erlösung, leichtes Abenteuer und befreienden Rausch
10 im Alkohol und in Drogen zu suchen. Diese Form von Erlebnisersatz ist sehr viel weniger harmlos als das Hippietum. Die verdreckten Haare und Füße kann man waschen, aus der Kommune[2] oder aus Indien kann man normalerweise mit dem gerne gespendeten Scheck des Vaters in die verachtete bürgerliche Welt zurückkehren. Aus Alkoholismus und Rauschgiftsucht kehrt man nicht so leicht
15 zurück und selten ohne bleibenden körperlichen, seelischen und sozialen Schaden.

Da die Gifte einerseits den Geist abstumpfen und mit der Zeit die Bereitschaft zu geregelter und fester Arbeit lähmen, andererseits aber eine Menge Geld kosten, erliegen viele Süchtige der Sekundär[3]-Versuchung zur Kriminalität. Um so hemmungsloser bedienen sie sich des Diebstahls, des Raubs, notfalls auch des Raubmordes zur Mittelbeschaffung[4], als sie sich in ihrer Giftsklaverei hoffnungslos außerhalb der normalen Gesellschaft fühlen, der sie haßerfüllt die Schuld an ihrem Scheitern[5] zuschieben. Man nimmt an, daß in den amerikanischen Großstädten gut die Hälfte der Gewaltverbrechen von Rauschgift-Abhängigen verübt wird. In allen Ländern sind die Süchtigen in ihrer großen Mehrheit junge Leute zwischen 15 und 25, und das Schwergewicht verlagert sich überall auf immer jüngere Jahrgänge.

Diese erschreckende Entwicklung ist ein Alarmzeichen für unbewältigte sozialpsychologische Probleme, auch wenn man gewiß nicht alle Verantwortung einfach der Allgemeinheit in die Schuhe schieben kann. Die Gesellschaft muß dafür viele Milliarden bezahlen: für den verstärkten Kampf gegen das Verbrechen, für Gefängnisse, Pflegeheime, Entwöhnungsanstalten[6], Betreuung und Versuche zur Wiedereingliederung der sozial Gestrandeten[7]. Trotz höchst eindrucksvollem gutem Willen um möglichst menschlichen Strafvollzug, um Hilfe und Resozialisierung[8] sind die Erfolge eher bescheiden: sogar von denjenigen Rauschgiftsüchtigen, die selber behördliche oder private Hilfe suchen und erhalten, werden im Durchschnitt mehr als die Hälfte nach Abschluß der Betreuung rückfällig[9].

(aus: Lorenz Stucki, *Lob der schöpferischen Faulheit*)

Wörterverzeichnis

[1] r Rauschgiftsüchtige, -n, -n	jemand, der sich von der Einnahme bewußtseinsverändernder Gifte kaum mehr lösen kann
[2] e Kommune, -n	Wohngemeinschaft
[3] sekundär	auf dem Umweg über einen anderen Sachverhalt ausgelöst
[4] die Mittel (pl.)	Gelder
[5] scheitern	ohne Erfolg bleiben
[6] e Entwöhnungsanstalt	Heim, das sich bemüht, die Drogenabhängigen von ihrer Sucht zu befreien
[7] stranden	scheitern
[8] e Resozialisierung, o.pl.	Wiedereingliederung in die Gesellschaft
[9] rückfällig werden	wieder rauschgiftsüchtig bzw. straffällig werden

A. Fragen zum Textverständnis

1. Warum lassen sich Jugendliche zum Rauschgift-Genuß verführen?
2. Warum ist Drogengenuß gefährlicher als Hippietum?
3. Welche Schäden verursachen die Rauschgifte?
4. Warum werden Süchtige oft zu Verbrechern?
5. Welche Altersgruppen verfallen am häufigsten dem Drogenkonsum?
6. Welche Nachteile hat die Gesellschaft durch das Rauschgiftproblem?
7. Was tut der Staat im Kampf gegen die Drogensucht?
8. Welche Erfolge werden dabei erzielt?

B. Weiterführende Fragen

1. Können Sie noch weitere Gründe nennen, warum das Rauschgift heute bei den Jugendlichen in bestimmten Ländern eine so gefährliche Rolle spielt?
2. Wie können junge Menschen am besten gegen die Gefahr des Drogenmißbrauchs geschützt werden?
3. Im Gegensatz zu den meisten Erwachsenen sind die Jugendlichen in der Regel nicht bereit, die sogenannten Realitäten des Lebens als gegeben hinzunehmen. Wie erklärt sich dieser Unterschied?

C. Drücken Sie den Inhalt der folgenden Sätze mit Worten aus dem Text aus.

1. In der Schweiz *spricht man* von ca. 20 000 jugendlichen Drogensüchtigen. (4)
2. Viele Jugendliche weigern sich aus *Widerwillen gegen* unsere Konsumgesellschaft, sich dem Leistungsprinzip zu beugen. (7)
3. Leider *lassen sich* viele zum Haschischkonsum *verlocken*. (19)
4. Wenn du dir keine Mühe gegeben hast, darfst du die *Ursache deines Versagens* nicht *bei anderen suchen*. (22 f / 29 f zwei Lösungen)
5. Plötzlich absinkende Leistungen müssen jeden Schüler *warnen*. (28)
6. Leider *übertreten* die meisten Strafgefangenen später *wieder die Gesetze*. (37 f)

D. Verknüpfen Sie beide Sätze zu einem Satzgefüge. Dabei können folgende Konjunktionen verwendet werden: anstatt daß, auch wenn, da, damit, nachdem, während.

1. Die Zahl der Drogenabhängigen ist nicht gestiegen. Die Zahl der Alkoholtrinker nimmt bedrohlich zu.
2. Bier und Schnaps ist leicht zu bekommen. Daher ist der Alkoholismus schwer zu bekämpfen.

3. Nicht jeder Schluck Bier führt zum Alkoholismus. Trotzdem müssen den Jugendlichen die Gefahren des Alkoholgenusses deutlich gemacht werden.
4. Die Behörden haben Entwöhnungsanstalten eingerichtet. In diesen sollen die Gestrandeten wieder auf die rechte Bahn gebracht werden.
5. Viele werden aus diesen Heimen entlassen. Bald danach werden sie wieder drogensüchtig.
6. Sie gehen nicht einer geregelten Arbeit nach. Statt dessen gammeln sie herum. (gammeln = die Zeit nutzlos und untätig verbringen)

Text 2

Tödliche Folgen einer Überdosis Heroin

Nach den Angaben ihres letzten Begleiters starb die 18jährige Schülerin Uschi St. Samstag vormittag völlig allein. Der 20jährige Kh. Z. gab gestern an, daß er das Mädchen bereits tot angetroffen habe. Wie berichtet, war die Polizei Samstag nachmittag durch einen anonymen Anruf darauf aufmerksam gemacht worden, daß in dem dichten Unkrautgestrüpp hinter den Wellblechgaragen, die zwischen Bamberger Stadtbad und altem Kanal stehen, ein totes Mädchen liege. Ein frische Blutablaufspur zeigte, daß sich das Mädchen unmittelbar vor ihrem Tod eine Überdosis[1] Heroin gespritzt haben mußte, was durch die Sektion[2] bestätigt wurde. Neben der Toten lag noch das Spritzbesteck, ansonsten nur ihre Habseligkeiten[3].
Seit zwei Jahren war der Polizei bekannt, daß Uschi St. zur Bamberger Rauschgiftszene[4] gehörte. Mit Hasch hatte sie angefangen und war dann auf Heroin umgestiegen. Das ist typisch. Die Zahl der Rauschgiftsüchtigen ist in der letzten Zeit kaum noch gestiegen, doch die von ihnen benutzten Drogen werden immer härter.
Auch der Aufenthalt in einem Züricher Internat[5] nützte für Uschi nichts, sie schaffte die mittlere Reife nicht und rutschte immer mehr ab. Sie ging von daheim weg, besuchte allerdings zwischendurch immer wieder ihr Elternhaus, aber ansonsten trieb sie sich mit Gesinnungsfreunden herum, ihre Habseligkeiten in ein paar Beuteln bei sich.
Dieses Versteck zwischen Wellblechgaragen hinter dem Bamberger Stadtbad und Kanal wurde bevorzugt von der 18jährigen benutzt. Dorthin zog sie sich auch Samstag vormittag zurück, um sich wieder einen Schuß[6] zu setzen. Es sollte ihr letzter sein.
Noch steht nicht fest, welche Rolle ihr Begleiter dabei gespielt hat. Bisher weiß man nur mit Sicherheit, daß die beiden am Freitag zusammen waren und in

einem Kaufhaus Seife entwendeten. Am Freitag wurde der Begleiter auch von einem anderen Mädchen zur Rede gestellt, da er ihr angeblich verfälschtes Heroin für 20 Dollar verkauft hatte, bei dem jede Wirkung ausgeblieben sei.
30 Samstag vormittag um 9.13 Uhr sah man Uschi St. und Kh. Z. in der Generalsgasse zusammen.
Vermutlich kaufte das Mädchen unmittelbar darauf in der Langen Straße jene Dosis Heroin, die ihr kurz darauf den Tod brachte.

(aus: *Fränkischer Tag* vom 20. 7. 1976)

Wörterverzeichnis

[1]	e Dosis, Dosen	eine bestimmte kleinere Menge (meist bei Arzneien und Drogen verwendet)
[2]	e Sektion, -en	Obduktion, gerichtlich angeordnete Leichenöffnung zur Feststellung der Todesursache
[3]	e Habseligkeiten (pl.)	minderwertiges Eigentum
[4]	e Rauschgiftszene, o.pl.	der Kreis der Drogenhändler und -konsumenten
[5]	s Internat, -s, -e	Schule mit Wohnheim
[6]	r Schuß, -sses, ̈sse	hier: ein Spritze voll Heroin

A. Fragen zum Textverständnis

1. Inwiefern war die Entwicklung von Uschis Drogenkonsums typisch?
2. Welchen Lebenswandel führte sie nach ihrem schulischen Versagen?
3. Wie fand die 18jährige den Tod?
4. Was erfahren wir in dem Zeitungsbericht über die Rauschgiftszene?

B. Weiterführende Fragen

1. Stellt das Rauschgift in Ihrem Land eine Gefahr für Jugendliche dar?
2. Welche polizeilich-juristischen Maßnahmen gegen diese Bedrohung scheinen Ihnen zweckmäßig?

C. Ergänzen Sie die fehlenden Wörter anhand des Textes.

1. Ein anonymer Anrufer hatte die Polizei . . . . . aufmerksam . . . . . (4)
2. Uschi St. gehörte . . . . . Bamberger Rauschgiftszene. (11)
3. Da Uschi nicht arbeitete, ... sie die mittlere Reife nicht. (17)
4. Schließlich verlor sie jeden Halt und . . . . . sich mit anderen Drogenabhängigen herum. (19)

5. Ihr Bekannter Kh. Z. ..... eine undurchsichtige ..... bei diesem Rauschgiftfall. (25)
6. Eine verärgerte „Kundin" hatte den Drogenhändler ..... gestellt. (28)

D. Bilden Sie vollständige Sätze aus den angegebenen Schlagzeilen.

1. Einsamer Tod einer Achtzehnjährigen
2. Zunahme bei der Benutzung harter Drogen
3. Internatsbesuch für Uschi nutzlos
4. Zweifelhafte Rolle von Uschis Freund
5. Seifendiebstahl im Kaufhaus Hertie
6. Streit um verfälschtes Heroin in der Langen Straße

Text 3

Ausweg im Alkohol

Immer mehr Jugendliche greifen zur Flasche. Von etwa 1,5 Millionen alkoholsüchtigen Bundesbürgern sind nach Schätzungen der Deutschen Hauptstelle gegen die Suchtgefahren zehn Prozent jünger als 25 Jahre. Rund 150 000 Jugendliche können ohne Alkohol nicht mehr leben. Aufgeschreckt durch diese alarmierenden Zahlen – immerhin verursacht diese Sucht jährlich Kosten von sechs Milliarden DM – hat das Bundesministerium für Familie, Jugend und Gesundheit der Masche[1] mit der Flasche verstärkt den Kampf angesagt.
Daß Kinder zu tief ins Glas gucken und mit Blaulicht[2] ins nächste Krankenhaus gebracht werden müssen, ist keineswegs mehr so selten. Auch in der Schule, besonders bei Schul- und Klassenfesten, wird häufig zuviel Hochprozentiges getrunken. Das „Kühle Blonde"[3] nach dem Unterricht ist für manchen Pennäler[4] gar eine liebe Gewohnheit. Und da liegt die Gefahr: Vom Gewohnheitstrinker zum Alkoholiker ist's meist nur ein kleiner Schritt.
Der Jugendalkoholismus, der die Drogenwelle abgelöst hat, ist keineswegs wie der einstige Haschkonsum Ende der 60er Jahre eine gesellschaftspolitische Protestaktion aufmüpfiger[5] Jugendlicher. Vielmehr schlucken junge Menschen die „legale Droge" Alkohol wegen persönlicher Probleme. Das Ministerium sieht im verstärkten Alkoholkonsum ein „psychisches Notsignal". Konflikte, emotionale[6] Verarmung, Angst vor schlechten Noten und Probleme im Elternhaus lassen Jugendliche nur allzu häufig im Alkohol einen Ausweg suchen. So haben Umfragen ergeben, daß Kinder besonders dann zum unkontrollierten Alkoholgenuß neigen, wenn im Elternhaus eine gespannte Atmosphäre herrscht und das Verhältnis zu den Eltern nicht intakt[7] ist.

„Alkohol macht nicht die Probleme kaputt, sondern Dich" heißt es denn auch in einer der zahlreichen Informationsbroschüren[8] der Bundeszentrale für gesundheitliche Aufklärung in Köln, die sich auch an jene wendet, für die Alkohol kein Problem ist. „Miteinander reden ist besser als schlucken", appellieren die Aufklärer an das Verantwortungsgefühl aller.

Nun will man keineswegs ein Volk von Abstinenzlern[9] heranziehen. Ziel aller Aktionen: Junge Menschen, aber auch Erwachsene zum kontrollierten Trinken anhalten. „Es ist erschreckend, wie wenig die Gefahren des Alkoholmißbrauchs bekannt sind", so eine Sprecherin des Ministeriums. Die Eltern bekommen einen Riesenschreck, wenn sie erfahren, daß ihre Kinder Drogen nehmen; hingegen ermuntern viele ihren Nachwuchs zu einer Flasche Bier am Abend. Dabei wird nicht bedacht, daß die Gefahr, Alkoholiker zu werden, um so größer ist, je früher man mit dem Alkoholkonsum beginnt.

Wichtig für den Kampf gegen den Alkoholmißbrauch ist die Erkenntnis, daß Jugendliche meist in Gruppen trinken. So will man gezielt Jugendämter ansprechen, Gruppenleiter für Diskussionen mit Jugendlichen ausbilden. „Die Gruppe birgt auch für jene eine große Gefahr, die mit Erfolg eine Entziehungskur hinter sich haben", wissen die Verantwortlichen. Um nicht als Alkoholmuffel zu gelten, wird nur „zum Spaß" ein Schlückchen mitgetrunken. Daß aber ein kleiner Schwips für einen Ex-Alkoholiker katastrophale Folgen haben kann, wissen viele Jugendliche nicht.

Der Kampf gegen das positive Image[10] des Alkohols — wer mittrinkt, ist ein Pfundskerl[11] — und strenge Kontrolle der gesetzlichen Bestimmungen bezüglich der Alkoholabgabe gehören ebenso zum Aktionsprogramm zur Eindämmung und Verhütung des Alkoholmißbrauchs, das Bund und Länder gemeinsam durchführen, wie Förderung der Forschung und internationaler Erfahrungsaustausch. „Grober Verstoß gegen Abgabe- und Ausschankverbote muß Lizenzentzug[12] zur Folge haben", lautete denn auch eine Forderung der Verantwortlichen. Die Jugendämter sollen verstärkt Kontrollen in Gaststätten durchführen, bei Verkaufsstellen und in Supermärkten sind Stichproben geplant.

(aus: *Fränkischer Tag* vom 14. 8. 1976)

Wörterverzeichnis

[1] e Masche, -n   a) beim Häkeln oder Stricken entstehende Schlinge
                                   b) (hier:) Gewohnheit, die als schick gilt
[2] mit Blaulicht   (hier:) mit dem Unfall-Rettungswagen
[3] s Kühle Blonde   (ugs.) helles Bier
[4] r Pennäler, -s, -   (ugs.) Gymnasiast

5 aufmüpfig   eigenwillig und ungehorsam
6 emotional   das Gefühl betreffend
7 intakt   in Ordnung, ungetrübt
8 e Broschüre, -n   das Büchlein, die Druckschrift
9 r Abstinenzler, -s, - jmd., der keinen Alkohol trinkt
10 s Image, -(s), -s   Gesamteindruck, den die Öffentlichkeit von einer Person oder Sache hat
11 r Pfundskerl, -s, -e ein großartiger, kameradschaftlicher Mensch
   (ugs.)
12 r Lizenzentzug, -es, o.pl. Wegnahme der Erlaubnis zum Verkauf von Alkohol

A. Fragen zum Textverständnis

1. Wodurch wird das Gesundheitsministerium zunehmend beunruhigt?
2. Bei welchen Anlässen trinken Jugendliche oft Alkohol?
3. Warum konsumieren junge Menschen Alkohol?
4. Mit welchen Parolen bekämpfen die Behörden den Alkoholmißbrauch?
5. Wie reagieren viele Eltern auf Drogen- und Bierkonsum ihrer Kinder?
6. In welchem Milieu (= Umgebung) trinken Jugendliche besonders häufig?
7. Welche Aktionen führt der Staat gegen den Alkoholmißbrauch durch?

B. Weiterführende Fragen

1. Liegt im Alkohol eine geringe oder größere Gefahr als im Rauschgift?
2. Welche Gründe scheinen Ihnen den Jugendalkoholismus in den heutigen Industrieländern zu begünstigen?
3. Sollte man Abstinenzler werden?

C. Drücken Sie den Inhalt der folgenden Sätze mit Worten aus dem Text aus.

1. *Für* jede Entziehungskur *muß die* Allgemeinheit 10 000 DM *bezahlen.* (5)
2. Die Jugendämter *wollen den* Alkoholismus bei Kindern *bekämpfen.* (7)
3. Beim letzten Klassenfest haben mehrere Schüler *zu viel getrunken.* (8)
4. *Der* regelmäßige Alkoholgenuß *bringt* die größten Gefahren *mit sich.* (12)
5. Mancher *nimmt* bei schulischem Versagen *Zuflucht zum Alkohol.* (20)
6. Wenn im Elternhaus *ein unfreundlicher Ton* herrscht, fühlen sich Kinder nicht geborgen. (22)
7. Mein Physiklehrer hat *mir nahegelegt,* mich um dieses Stipendium zu bewerben. (34)

127

D. Ergänzen Sie die folgenden Sätze mit einem irrealen Vergleichssatz.

Beispiel: Der Alkohol ist eine Gefahr für die Jugendlichen; Viele Erwachsene aber tun so, als ob . . . . .
Lösung: Viele Erwachsene aber tun so, als ob der Alkohol keine Gefahr für die Jugendlichen wäre.

1. Alkoholgenuß hat nicht nur angenehme Seiten. Die Werbung erweckt oft den Anschein, als ob . . . . .
2. Wer sich mit andern zusammen betrinkt, ist keineswegs ein Pfundskerl. Die Klassenkameraden reden häufig so daher, als ob . . . . .
3. Das Gesundheitsministerium will kein Volk von Abstinenzlern heranziehen. Manche Zeitungsartikel klingen so, als wenn . . . . .
4. Auch früher gab es schon Probleme zwischen den Generationen. Manche Eltern benehmen sich so, als wenn . . . . .
5. Die Regierung hat schon Maßnahmen gegen die Suchtgefahren ergriffen. Im Wahlkampf wurde die Regierung angegriffen, als . . . . .
6. Scheinbar ist alles Nötige bereits veranlaßt worden. Man gewinnt den Eindruck, als . . . . .

Text 4

Die heimlichen Verführer

Es ist ein eigenartiges und zugleich beängstigendes Phänomen[1]: neue Jugendreligionen schießen wie Pilze aus dem Boden. Handelt es sich dabei um die Vorboten eines religiösen Frühlings, auf den auch die Kirchen sehnlichst warten? Oder treiben hier geschäftstüchtige Scharlatane[2] ihr makabres[3] Spiel mit den
5 Träumen junger Menschen?
Die Gelegenheit, das „Zeitalter der Erleuchtung"[4] auszurufen, die „totale Freiheit" zu versprechen und eine „heile Gesellschaft" zu verkünden, war offenbar nie so günstig.
Schon jetzt tragen Tausende von jungen Menschen die obskuren[5] Lehren zu
10 Markte: Anhänger der Mun-Sekte, der Gemeinschaft zur Vereinigung des Weltchristentums, missionieren mit gewählter Höflichkeit in den Fußgängerzonen der Großstädte. Krishna-Jünger spielen auf ihren Zimbeln das monotone „Lied der Glückseligkeit", und frischgebackene „Kinder Gottes" warnen eifrig vor den „Schrecken der Endzeit".
15 Viele der jungen Leute kamen vom Rauschgift zu Jesus. Daß in manchen Fällen der neue Glaube sie buchstäblich über Nacht von der alten Sucht heilte, wäh-

rend medizinische und psychiatrische Betreuung dies bestenfalls, wenn überhaupt, in Monaten zuwege bringt, wurde als große Sensation viel beredet und trug mehr als alles andere zur Berühmtheit der neuen Bewegung bei. Das hat jedoch seine Logik: Droge und Spritze sind Mittel, dem verzweifelten Erlebnis innerer Leere und Sinnlosigkeit zu entfliehen. Wenn Glaube die Leere füllt, wenn absolute Werte das zuvor brachliegende[6] Gefühl voll beanspruchen und dem Leben Sinn, Ziel und Orientierung geben, dann bleibt kein seelischer Grund mehr zur Flucht ins Rauschgift, sondern höchstens noch der körperliche, den man Süchtigkeit des Organismus nennt. Das Wunder, daß körperliche Gewohnheit hinter dem psychischen Ereignis der Offenbarung zurückweicht, kann indessen nur den wundern, der an die – schöpferische ebenso wie zerstörerische – Kraft der Seele gegenüber dem Körper nicht glauben will. Auch dies läßt aber die Frage offen, wie echt die Religiosität der Jesus People ist.
Leider scheinen die meisten Jugendlichen nicht zu merken, wie sie Opfer heimlicher Verführer geworden sind, deren raffiniert ausgeklügelte „wissenschaftliche" Methoden des Seelenfangs allerdings auch der Faszination[7] nicht entbehren.

Kenner der neuen, schillernden Glaubenslehren, die fast durchweg von Leuten
35 mysteriöser[8] Herkunft gegründet wurden, meinen, daß junge Menschen bei diesen Sekten in ihrer Persönlichkeit größeren Schaden nehmen als durch Drogen.
Sie würden einer massiven Gehirnwäsche unterzogen und durch moralischen Zwang oder gar direkte Drohung zu willfährigen Instrumenten einer pseudoreligiös getarnten Mafia gemacht: Versklavung also, statt Befreiung.
40 Angesichts dieser Tatsache mag der Ruf nach dem Gesetzgeber nur allzu berechtigt sein. Das Problem aber ist damit nicht aus der Welt geschafft. Denn die Frage der Jugendlichen nach dem Sinn des Lebens und auch ihr Verlangen nach einer befriedigenden Lebensaufgabe werden bleiben.

(aus: *Kontinente,* Heft August 1976)

Wörterverzeichnis

[1]	s Phänomen, -s, -e	Ereignis, Vorkommnis
[2]	r Scharlatan, -s, -e	Schwindler; unfähige Leute, die vorgeben, etwas zu können
[3]	makaber	schaudererregend, unheimlich
[4]	e Erleuchtung	Einsicht in das Wesen und den Sinn der Welt
[5]	obskur	verdächtig, von zweifelhafter Herkunft
[6]	brachliegen	a) nicht bebaut sein (Felder) b) nicht genutzt werden
[7]	e Faszination, -en	fesselnde Wirkung
[8]	mysteriös	geheimnisvoll

A. Fragen zum Textverständnis

1. Welche Gründe für das Auftreten neuer religiöser Jugendgruppen sind denkbar?
2. Was verkünden diese Jugendlichen mit frommem Eifer?
3. Was war für viele junge Leute der Anlaß zur Religiosität?
4. Wieso konnte die Hinwendung zur Religion die Drogensucht rasch überwinden?
5. Welche Absichten und Methoden sind den Initiatoren vieler dieser Sekten eigen?
6. In welche Verfassung ihrer Persönlichkeit geraten viele Anhänger der neuen Lehren?
7. Welche Maßnahmen werden gegen die Gefahren dieser Sekten ergriffen? Warum genügen sie nicht?

B. Weiterführende Fragen

1. Warum haben diese Erweckungsbewegungen heute in bestimmten Industrieländern Erfolg, an anderen Orten, zu anderen Zeiten aber nicht?
2. Wie könnte es den etablierten Religionsgesellschaften gelingen, die Jugend für sich zu gewinnen?
3. Alkoholproduzenten, Rauschgifthändler und Sektenführer wollen die Jugendlichen für ihre Zwecke manipulieren. Gibt es noch andere ähnliche Gefahren?

C. Drücken Sie den Inhalt der folgenden Sätze mit Worten aus dem Text aus.

1. Kaum waren die schönen Strände der Halbinsel Chalkidiki für den Tourismus entdeckt worden, da *entstanden in Windeseile* neue Hotels. (2)
2. Den Rückgang der Arbeitslosenziffern feierten die Politiker der Regierungsparteien als *Anzeichen* eines wirtschaftlichen Aufschwungs. (2 f)
3. Der Erfolg der jungen Sopranistin bei den Bayreuther Festspielen *war mit ein wesentlicher Grund dafür, daß sie schnell berühmt wurde.* (19)
4. Diese Erklärung *beantwortet die Frage nicht,* warum Birgit erst so spät geschrieben hat. (28 f)
5. Manche Politiker berauschen sich so sehr an ihren Worten, daß sie ihren eigenen Parolen *zum Opfer fallen.* (30 f)
6. Angesichts der Zunahme des Terrorismus ist *die Forderung* verständlich, *das Parlament solle geeignete Gesetze verabschieden.* (40)

D. Setzen Sie den richtigen Artikel ein, wo nötig; ergänzen Sie ggf. die Endungen.

1. Kaum hatte ..... Tourismuswelle ..... Sonnenküste erreicht, da begannen auch schon .....
2. ..... Tausend von ..... begeistert ... Urlaubern ergossen sich über ..... neu erschlossen ... Feriengebiete.
3. In ..... Hotels werden sie von ..... ausgesucht ... Personal mit ..... zuvorkommend ... Höflichkeit bedient.
4. ..... meisten ..... so verwöhnt ... Gäste kehren braungebrannt aus ..... sonnig ... Süden in ..... Heimat zurück.
5. Noch lange danach schwärmen sie (von) Urlaub (an) Meer als ..... großartig ... Erlebnis.
6. Mit ..... Ungeduld warten ..... blaß geworden ... Touristen aus ..... kühl ... Norden auf ..... nächsten Sommer.

Umweltschutz

Text 1

Müll — Last des Fortschritts

Dem Thema Müll und seiner Beseitigung widmete der Große Brockhaus[1] vom Jahre 1965 noch ganze 17 Zeilen. Heute, nur zehn Jahre später, umfassen die Gesetze über Müllagerung, -transport und -beseitigung bereits ein dickes Kapitel im deutschen Umweltschutzrecht, ohne daß die Klagen abreißen. Die Bevölkerung beschwert sich über unzureichende Abfuhr, sie protestiert dort, wo Mülldeponien[2] entstehen, die Industrie klagt über steigende Kosten.

Daß das Problem Müll von der breiten Öffentlichkeit so leicht aus den Augen verloren wird, mag daran liegen, daß fast an jedem Tag eine neue Meldung über bahnbrechende Methoden zur Beseitigung der Zivilisationsrückstände berichtet. Da werden Autoreifen zerkleinert, da gibt es Bauplatten aus Abfall, da sind Verbrennungsanlagen für gigantische Müllmengen gebaut worden. Doch kaum jemand nimmt zur Kenntnis, daß in einem Vierpersonenhaushalt gegenwärtig jährlich Müll mit einem Gewicht von mehr als einer Tonne anfällt. Die Wegwerfgesellschaft produziert immer mehr Abfälle. Kein Kaufmann kann es sich heute leisten, die Erbsen, Nudeln oder Linsen mit der Hand abzufüllen, die Milch in die mitgebrachte Kanne zu gießen, Schrauben einzeln abzuzählen. Alles und jedes ist rationell[3] und kostensparend mit Folie umhüllt, in einen Plastikbecher abgepackt. Neue Verpackungsmaterialien sind handlicher und billiger als die alte Blechschachtel, die braune Papiertüte oder der Holzkasten.

Kaum jemand, der seinen Haushaltsabfall in die Mülltonne schüttet oder der sich über seinen Arbeitsplatz freut, an dem leider auch Industriemüll entsteht, macht sich sonderlich gründliche Gedanken darüber, wie der wachsende Müllberg beseitigt werden kann. Nur wenn in der Nähe seiner Wohnung oder seines Häuschens in einem ordnungsgemäßen Planfeststellungsverfahren[4] eine Mülldeponie eingerichtet werden soll, wird das Problem Müll plötzlich sichtbar. Nach dem Sankt-Florians-Prinzip[5] bricht dann in aller Regel ein Sturm der Entrüstung[6] los, warum gerade hier und nicht anderswo der Abfall des Fortschritts abgelegt werden soll.

Doch in das Bewußtsein auch der umweltfreundlichen Bürger hat die Kostenfrage noch keinen Eingang gefunden. Wer weiß schon, daß eine Mülldeponie, die ausreichend gegen eine Grundwasserverseuchung[7] schützt, auch ohne Gerichtskosten für Prozesse mit querschießenden Anwohnern bis zu sechzig Millionen Mark kostet, daß die Stadt Berlin für eine moderne Müllverbrennungsanlage einen dreistelligen Millionenbetrag ausgegeben hat, daß die Kosten für eine sachgemäße Müllbeseitigung in der Bundesrepublik bis heute schätzungsweise 6,5 Milliarden DM betragen haben? 35

So bitter die Konsequenz auch ist: wir werden für die Bequemlichkeit, die uns der abfallproduzierende technische Fortschritt beschert hat, bezahlen oder auf sie verzichten müssen.

(von: Wolfgang Müller-Haeseler. – aus: *Frankfurter Allgemeine Zeitung* vom 20. 11. 1975)

Wörterverzeichnis

1	r Große Brockhaus	ein bekanntes Konversationslexikon (= enzyklopädisches Lexikon)
2	e Mülldeponie, -n	Ablagerungsplatz für Abfälle
3	rationell	zweckmäßig, wirtschaftlich, sparsam
4	s Planfeststellungsverfahren, -s, -	Die Behörden bestimmen dabei, welche Grundstücke für öffentliche Zwecke enteignet werden
5	Sankt Florian	Schutzheiliger gegen Feuergefahr
	s Sankt-Florians-Prinzip	Früher häufige Inschrift an Hauswänden: „Heiliger Sankt Florian / Verschon' mein Haus, zünd's andre an!"
6	e Entrüstung, o.pl.	Zorn, Empörung
7	e Verseuchung	Durchsetzung (Infizierung) mit Krankheitskeimen
	s Grundwasser, -s, o.pl.	im Erdboden vorhandenes Wasser

A. Fragen zum Textverständnis

1. Wann beschäftigt sich der Durchschnittsbürger mit dem Problem der Abfallbeseitigung?
2. Warum ist dieses Problem heute dringlicher als früher?
3. Warum wird es vom Durchschnittsbürger so wenig beachtet?
4. Warum ist es so schwer zu lösen?

B. Weiterführende Fragen

1. In welcher Weise stellt sich das Problem der Abfallbeseitigung in Ihrem Land?
2. Welche anderen Probleme ruft das „Wegwerfen" noch hervor?
3. Inwiefern ist das „Wegwerfen" typisch für unsere heutige Lebensform?

C. Drücken Sie den Inhalt der folgenden Sätze mit Worten aus dem Text aus.

1. Die Klagen der Nachbarn über das ungezogene Verhalten der Kinder *hören nicht auf*. (4)
2. Leider habe ich meine Klassenkameraden aus der Volksschule schon lange *nicht mehr gesehen*. (7 f)
3. Die Öffentlichkeit *beachtet* die bedrohliche Lage der Staatsfinanzen nicht. (12)
4. Ich kann es mir nicht *erlauben*, die Kunden noch länger warten zu lassen. (15)
5. Als das Schiff das offene Meer erreichte, *begann* plötzlich ein Sturm. (26 f)
6. Die Kosten für eine Kläranlage *belaufen sich auf* 30 Millionen Mark. (36)

D. Ergänzen Sie die fehlenden Präpositionen ggf. mit Artikeln.

1. Es gibt viele Gesetze ..... Umweltschutz.
2. Die Bürger klagen ..... steigende Preise.
3. Wir schütten die Abfälle ..... Mülltonne.
4. Das Baumaterial wird ..... Abfall hergestellt.
5. Früher füllte der Kaufmann die Waren ..... Hand ab.
6. Die Mülldeponie ist ..... Grundwasserverseuchung geschützt.
7. Müssen wir ..... Bequemlichkeit verzichten?

Text 2

Die schmutzige Stadt

Goldfische und Menschen haben eines gemeinsam: Ihre Intelligenz wird gelähmt durch die Verschmutzung ihrer natürlichen Umwelt. Dieses Ergebnis einer wissenschaftlichen Untersuchung könnte bereits Anlaß genug sein, um alle noch vorhandene Sorglosigkeit über die Frage, wie es eigentlich mit unserer Luft und unserem Wasser weitergehen soll, zu verlieren.
Herkules durfte den Augiasstall noch durch das Hindurchleiten von zwei Flüssen reinigen. Heute ist eins sicher – die Kosten für die immer teurer werdende Müllbeseitigung, die man im Interesse des Wassers nicht mehr vernachlässigen[1] darf, wird in vollem Umfang derjenige zu tragen haben, der dafür sorgt, daß jetzt buchstäblich alles im Eimer ist: der Bürger. Die „Zeitung für kommunale[2] Wirtschaft" mahnte unter der Überschrift „Genug gesündigt": „Die Rechnung für die mit dem Abfall begangenen Sünden wird wohl doch erheblich höher ausfallen, als manche Experten[3] annehmen." Die Aussichten auf sauberes Wasser werden trübe. Denn nach der letzten Statistik für Gemeinden mit mehr als

10 000 Einwohnern haben nur 77 für mehr als 10 Jahre Müll-Lagerflächen, die meisten – 147 – nur noch für zwei Jahre.
Ein weiteres Problem ist das der Luftverschmutzung. Wenn jedes Auto in München – und eine Million fahren täglich durch die Stadt – auch nur eine halbe Stunde unterwegs ist, so blasen sie 320 Millionen Liter schädliche Gase in die schon nicht mehr reine Luft, die zudem an 78 Prozent aller Tage durch hochliegende Warmluftschichten daran gehindert wird, vom Boden aufzusteigen. Der Direktor der städtischen Meßabteilung, Raab, kommentierte[4] diesen Tatbestand[5] mit dem Satz: „Es kommt in München zu ruhrgebietsähnlichen Zuständen." Heiter ist dabei allein die Feststellung, daß Schwefeldioxyd in der Hauptbahnhofsgegend nicht etwa von der – inzwischen vollelektrifizierten – Eisenbahn kommt, sondern von der hier ansässigen[6] Brauerei[7]-Industrie, auf die ein Münchner am allerwenigsten verzichten möchte.
Vor sechs Jahren hat der Siedlungsverband Ruhrkohlenbezirk die 60 000 Abwanderer dieser zwölf Monate aus seinem Gebiet nach den Gründen ihres Aufbruchs befragen lassen. Siebzig Prozent gaben an, daß sie wegen der besseren Luft, die sie anderswo zu finden hofften, den Umzug unternahmen. Die Meldung für sich allein kann als Kuriosum[8] belächelt werden. Aber vielleicht macht die Nachricht aus den USA nachdenklicher, wo im Mai 1970 zum traditionellen

Saarbergwerke in Saarbrücken

Frühlingsfest im Union Square Park von New York jedermann gegen entsprechendes Entgelt[9] eine Halle betreten durfte, in der frische, abgasfreie Luft als „Frischluftoase" angeboten wurde. Frische Luft – die Sensation für den Rummelplatz![10]

(von: Eberhard Nitschke. – aus: *Umwelt aus Beton*)

Wörterverzeichnis

1	vernachlässigen	nicht genug beachten, sich nicht genug kümmern
2	kommunal	eine (Stadt) Gemeinde betreffend
3	r Experte, -n, -n	Fachmann, Spezialist
4	kommentieren	erläutern, erklären
5	Tatbestand, -es, ⸚e	Sachverhalt, Umstand, Gegebenheit
6	ansässig	wohnhaft, ständig wohnend
7	e Brauerei, -, -en	Fabrik, in der Bier hergestellt wird
8	s Kuriosum, -s, o.pl.	ausgefallene, seltsame Sache
9	s Entgelt, -es, o.pl.	Bezahlung
10	r Rummelplatz, -es, ⸚e	Vergnügungspark mit Karussellen

A. Fragen zum Textverständnis

1. Welche Folgen hat die Umweltverschmutzung für den Menschen?
2. Welche Probleme wirft die Müllbeseitigung für die Gemeinden auf?
3. Welche Faktoren wirken an der Luftverschmutzung mit?
4. Von welchen Auswirkungen der Luftverschmutzung berichtet unser Text?
5. Welche Frage wird in diesem Text und in dem Aufsatz „Müll – Last des Fortschritts" untersucht?

B. Weiterführende Fragen

1. Welche Ursachen der Luftverschmutzung sind Ihnen bekannt?
2. Welche Folgen sind zu befürchten?
3. Welche Möglichkeiten zur Bekämpfung der drohenden Gefahren sehen Sie?

C. Drücken Sie den Inhalt der folgenden Sätze mit Worten aus dem Text aus.

1. Die Schaffenskraft des Künstlers war durch den Tod seiner Frau *paralysiert* (geschwächt). (1)

2. Die Bürger müssen *das Geld* für Schulen, Krankenhäuser usw. in Form von Steuern *aufbringen*. (7 ff)
3. Weil meine Abiturnote zu schlecht ist, ist ein Medizinstudium *für mich unmöglich geworden*. (10)
4. Die in Thessaloniki *wohnhaften* Ausländer sind bei der Fremdenpolizei registriert. (26)
5. Diese Tatsache – *allein betrachtet* – ist unwesentlich. (32)
6. Jeder bekam, *wenn er das geforderte Geld bezahlte,* einen Bierkrug als Erinnerung an das Oktoberfest. (34 f)

D. Setzen Sie das passende Modalverb ein (wollen, mögen, sollen, müssen, dürfen, können), wenn möglich aufgrund der Textvorlage.

1. Das Ergebnis dieser Untersuchung ..... Anlaß sein, wegen der fortschreitenden Umweltverschmutzung besorgt zu sein.
2. Herkules ..... den Augiasstall durch das Hindurchleiten von zwei Flüssen reinigen.
3. Die Müllbeseitigung ..... man im Interesse des Wassers nicht mehr vernachlässigen.
4. Auf die Brauereiindustrie ..... ein Münchner nicht verzichten.
5. Die Meldung über die Abwanderung ..... als Kuriosum belächelt werden.
6. Die Besucher ..... eine Halle betreten, in der frische Luft angeboten wurde.

Text 3

Das geplante Verkehrschaos

An der Zerstörung der Städte durch den Verkehr arbeiten heute Verkehrsexperten, Stadtplaner, Politiker, Fabrikbesitzer, Steuerfachleute und die Bevölkerung Hand in Hand in seltener Einmütigkeit, indem sie versuchen, ein Problem zu bewältigen, das alle gemeinsam zu erzeugen bemüht sind.
Grünflächen werden umfunktioniert[1] in asphaltierte Parkplätze, bestückt mit dem buntlackierten Blech der Automobile, die Hitze abstrahlen und Öl verlieren.
Baulinien[2] werden zurückverlegt, um dafür Sorge zu tragen, daß Neubauten wenigstens zukünftigen Verbreiterungen der Straße nicht im Wege stehen.
Häuserfronten, die in einem Wachstumsprozeß von Jahrzehnten und Jahrhunderten entstanden waren und der Straße ihre Unverwechselbarkeit gegeben hatten, werden beseitigt und durch die Monotonie einer einheitlichen Konsum-

architektur ersetzt. Wo früher ein unerschöpflicher Reichtum verschiedenster Formen, Türmchen, Balkone und Portale ein vielfältiges und lebendiges plastisches[3] Bild ergaben, herrscht heute die Armut einer Baulinienarchitektur, die alle Erhebungen, Ausbuchtungen und Vorsprünge in den Straßenraum als mögliche Verkehrshindernisse betrachtet.

Während man bereit ist, für das Auto alle Opfer zu bringen, müssen die Möglichkeiten der Stadtbenutzung für den Fußgänger dem Verkehr mühsam abgerungen werden. Aber auch für ihn ist in diesem Spiel gesorgt. Zebrastreifen bezeichnen die Stellen, wo er gewisse Chancen hat, die Straße ungefährdet überqueren zu können, wenn er sich beeilt, um noch bei Grün hinüberzukommen. Aber selbst dann muß er noch befürchten, daß der Autofahrer ihn mit dem Recht des Stärkeren zur Seite drängt.

So hat sich die Funktion[4] der Straße heute völlig gewandelt. Einst war sie ein öffentlicher Bereich der Kommunikation[5], der öffentlichen und politischen Meinungsbildung, des Handels und Gewerbes[6], ein Gemeinschaftsraum für alle mit vielerlei verschiedenen Funktionen, heute ist die Straße ein gerichtetes Bündel isolierter Stränge[7], die nur den Zwecken des Verkehrs dienen: Gehweg, Randstein, Parkstreifen, Fahrbahn, Trennungsstrich, Gleiskörper und Zwischenstreifen.

Durch Anlage von Verteilerringen und kreuzungsfreien Schnellstraßen am Rand der Innenstädte können die Stadtkerne entlastet werden. Der Ausbau leistungsstarker Nahverkehrsmittel, die Steigerung ihres Komforts sowie die Anlage von Garagenhäusern in den Außenbezirken sind Voraussetzungen für die Einführung eines Park-and-Ride-Systems[8] und für die Regeneration[9] der City. An Stelle der Bundesgaragenordnung mit ihrem Zwang, Parkplätze anzulegen, muß ein Verbot treten, die kostbaren Flächen der Innenstädte durch Abstellplätze zu blockieren[10].

Die Aufgabe der Planung aber ist es schon heute, in den Innenstädten Flächen dem Verkehr abzuringen, um sie wieder für den Fußgänger zurückzugewinnen. Einen solchen Versuch stellt der Kleine Schloßplatz in Stuttgart dar, wo über einem ausgedehnten mehrgeschossigen Verkehrsknoten im Herzen der Stadt ein verkehrsfreier Fußgänger- und Einkaufsbereich errichtet wurde. Ähnliche „Fußgängerzonen" in anderen deutschen Städten sind gefolgt und sind erste Schritte in der richtigen Richtung.

(von: Max Bächer. – aus: *Umwelt aus Beton*)

Wörterverzeichnis

[1] umfunktionieren	einer Sache eine andere Funktion geben
[2] e Baulinie, -n	Grenze, hinter der Häuser gebaut werden dürfen

3 plastisch	deutlich hervortretend, gut in seinen Ausdehnungen erkennbar
4 e Funktion, -en	Aufgabe, Zweck
5 e Kommunikation, -en	sozialer Kontakt
6 s Gewerbe, -s, o.pl.	rohstoffverarbeitender Beruf, z. B. Handwerker, Fabrikant
7 r Strang, -es, ¨e	Seil; langes, zusammenhängendes Stück
8 s Park-and-Ride-System	Man stellt sein Auto am Stadtrand auf einem öffentlichen Parkplatz ab und fährt von dort mit Bus, Straßen- oder U-Bahn ins Zentrum.
9 e Regeneration, -en	Wiederherstellung des früheren gesunden Zustandes
10 blockieren	sperren

A. Fragen zum Textverständnis

1. Inwiefern ist das Verhalten der mit dem Verkehr befaßten Personen paradox?
2. Welche Maßnahmen zugunsten des Verkehrs werden getroffen?
3. Welche Nachteile entstehen daraus?
4. Welche Stellung hat der Fußgänger im Verkehrssystem?
5. Bedeutet die Umfunktionierung der Straße eine Verarmung des sozialen Lebens?
6. Welche Lösungsmöglichkeiten für die Verkehrsmisere werden genannt? (e Misere = Not, trostloser Zustand)

B. Weiterführende Fragen

1. Treffen die hier wiedergegebenen Analysen der Verkehrssituation auch auf Ihr Land zu?
2. Wie würden Sie die Verkehrsprobleme in der Stadt, in der Sie leben, lösen?
3. Welche Vorteile bringt uns der Straßenverkehr?

C. Drücken Sie den Inhalt der folgenden Sätze mit Worten aus dem Text aus.

1. Viele Organisationen bemühen sich, das Problem des Hungers in der Welt zu *lösen*. (4)
2. Die Eltern müssen *sich darum kümmern*, daß ihre Kinder die richtige Berufswahl treffen. (4)
3. Die Barockkirchen *sind ein besonderes Kennzeichen* der süddeutschen Landschaft. (11)
4. *Er verzichtete auf alles mögliche,* um ein guter Sportler zu werden. (18)

5. Die Sprache ist das wichtigste Mittel der *Verständigung* zwischen den Menschen. (26)
6. Was wir brauchen sind *Omnibusse, Straßenbahnen und Untergrundbahnen, die viele Menschen in kurzen Abständen rasch an die wichtigsten Punkte einer Stadt befördern.* (33 f)

D. Ergänzen Sie die passende Adjektivendung.
1. Städteplaner und Bevölkerung arbeiten in selten . . . Einmütigkeit zusammen.
2. Die Parkplätze sind bestückt mit dem buntlackiert . . . Blech der Automobile.
3. Früher herrschte hier ein unerschöpflich . . . Reichtum verschiedenst . . . Formen.
4. Der Autofahrer übt in vielen Fällen das Recht des Stärker . . . aus.
5. Die Straße ist heute ein gericht . . . Bündel isoliert . . . Stränge.
6. Der Ausbau leistungsstark . . . Nahverkehrsmittel dient der notwendig . . . Regeneration der Städte.

Text 4

Macht Lärm krank?
Ein Gespräch von Fachleuten

Lärm ist weitgehend eine subjektive[1] Empfindung – das macht die sachliche Diskussion über seine Auswirkungen auf den Menschen oft so schwer. Ein Beispiel einer Lärmpsychose[2] wird aus den Pioniertagen des Überschallflugzeugs Concorde berichtet: Damals wurden die Bewohner eines südenglischen Landstriches
5 anläßlich eines bevorstehenden Testfluges aufgefordert, Störungen bei der nächsten Behörde zu melden. Es ging auch eine Flut von Beschwerden ein von Atemnot bis zu Herzanfällen und toten Kühen. Doch der angesagte Flug hatte aus technischen Gründen gar nicht stattgefunden.
Andererseits: In der Bundesrepublik Deutschland nimmt die arbeitsplatzbedingte
10 Lärmschwerhörigkeit inzwischen den ersten Platz unter allen Berufskrankheiten ein. Und jeder zweite Bundesbürger fühlt sich durch den Lärm der Umgebung belästigt.

Poster zum Umweltschutz
(Erläuterung: Früher waren die Meerjungfrauen – so wissen es die Märchen – fröhliche Wesen, die gerne sangen, tanzten und gelegentlich einen Seemann fingen. Heute aber bleibt nur das Wehklagen über Quecksilber, Abwässer und Sauerstoffmangel im Wasser.) ▷

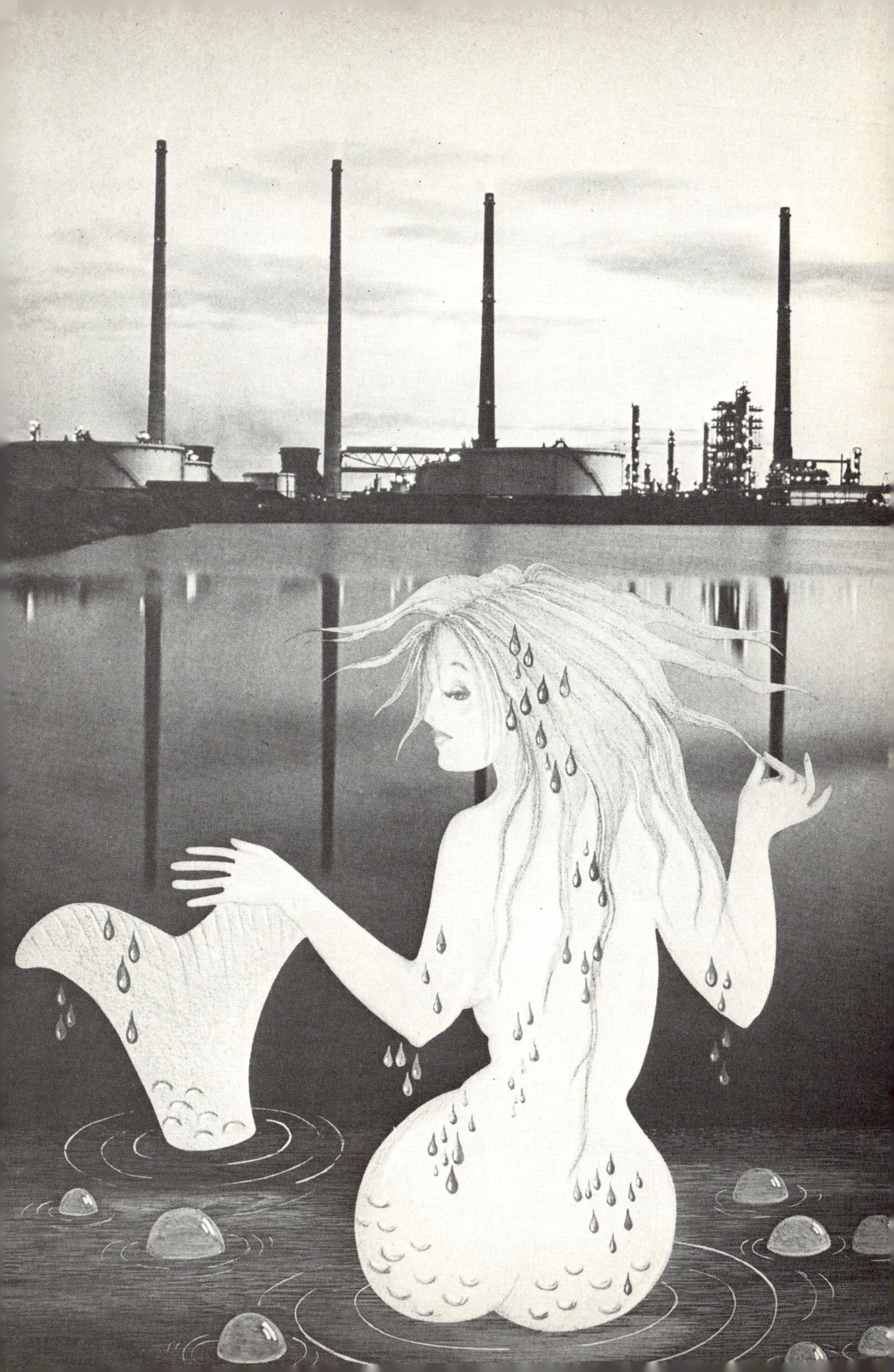

Prof. Dr.-Ing. Baron: Seit Jahren wird in Deutschland das Problem des Umweltschutzes immer mehr in den Vordergrund des Interesses gerückt. Interessant an der Entwicklung ist, daß sich der Bürger zwar dagegen wehrt, daß Verkehrs- oder Fabrikanlagen neu gebaut und auch benutzt werden. Derselbe Bürger tritt aber dann unbelastet von eigenen Skrupeln[3] selbst als Lärmerzeuger auf. Denken wir nur an den berühmten samstagmorgendlichen Rasenmäherbetrieb, der beim Nachbarn erhebliche Belästigungen hervorruft – den Lärmverursacher selbst stört es offenbar gar nicht.

Pfarrer Oeser: Wem der Rasenmäher nützt, für den ist anscheinend die Lautstärke des Motors bis zu einem gewissen Grade erträglich. Doch es gibt auch andere Gründe privater Lärmerzeugung. Wer am Arbeitsplatz starken Geräuschen ausgesetzt wird, stellt vielleicht am Abend deshalb den Fernseher so laut ein, weil sich sein Ohr noch nicht auf weniger Lärm umgestellt hat.

Der Kampf von Bürgern gegen akustische Belästigungen durch den Verkehr hängt wahrscheinlich damit zusammen, daß man sich gegenüber dem Lärm des Tages einen gewissen Ruheraum erhalten will. Daher wehrt sich der Bürger gegen den Bau neuer Flughäfen oder Durchgangsstraßen ...

Prof. Dr.-Ing. Baron: ... obwohl er diese hinterher selbst benutzen würde.

Pfarrer Oeser: ... vielleicht auch benutzen muß, weil eine andere Straße nicht vorhanden ist.

Diplomphysiker Müller: Zur Forderung nach einem Ruheraum: Wenn man beobachtet, was an einem verlängerten Wochenende passiert, dann müßte eigentlich das Innere eines Automobils dieser Ruheraum sein; denn es wälzt[4] sich eine Fahrzeuglawine[5] von Tausenden über die Autobahnen. Leiden diese Autotouristen nicht unter ihrem selbsterzeugten Lärm?

Pfarrer Oeser: Bis zu einer gewissen Lautstärke hängt es von der subjektiven Einstellung des einzelnen ab, ob er ein Geräusch als Lärm und damit als Belästigung empfindet. Jenseits dieser Grenze aber beginnt die Zone der objektiven[6] Gesundheitsgefährdung. Hier muß der Gesetzgeber[7] den Bürger schützen.

Dipl.-Ingenieur Bernhardt: Der Ruf nach dem Gesetzgeber allein wird uns kaum eine Lösung bringen. Wer, statt einen „Kavaliersstart"[8] mit seinem Auto zu machen, maßvoll ist beim Gasgeben, der erzeugt nur die Hälfte des Lärms. Jeder einzelne also ist aufgerufen, durch gegenseitige Rücksichtnahme alltäglich lästigen Lärm zu vermeiden.

(aus: *Bild der Wissenschaft,* März 1976)

Wörterverzeichnis

1 subjektiv — persönlich, vom einzelnen abhängig
2 e Psychose, -n — geistige und seelische Verwirrung
3 r Skrupel, -s, - (meist Plural) — ängstliche Bedenken, Gewissensbisse
4 sich wälzen — sich rollend bewegen
5 e Lawine, -n — von Bergen herabstürzende Schneemassen (hier bildlich)
6 objektiv — sachlich, vom persönlichen Urteil unabhängig
7 r Gesetzgeber, -s, - — das Parlament, welches die Gesetze beschließt
8 r Kavaliersstart, -s, -s — übertrieben schnelles Losfahren mit dem Auto

A. Fragen zum Textverständnis

1. Inwiefern kann man sagen: „Lärm ist weitgehend eine subjektive Empfindung"?
2. Kann Lärm auch objektiv schädlich wirken?
3. Inwiefern ist die Einstellung vieler Menschen zum Lärm widersprüchlich?
4. Wie läßt sich dieser Widerspruch erklären?
5. Wie kann der Gesetzgeber den Bürger schützen?
6. Welche weiteren Maßnahmen gegen den Lärm sind nötig?

B. Weiterführende Fragen

1. Welche weiteren Quellen von Lärmschäden sind Ihnen bekannt? Was läßt sich dagegen tun?
2. Welche Schwierigkeiten stellen sich der Lärmbekämpfung entgegen?
3. Ein Plakat ist zu entwerfen, mit dem eine Bürgerinitiative gegen den Ausbau eines Flugplatzes protestiert.
   (Bürgerinitiative = spontaner Zusammenschluß von Bürgern, um eine lokale Maßnahme der Behörden zu bekämpfen)

C. Drücken Sie den Inhalt der folgenden Sätze mit Worten aus dem Text aus.

1. Bei den Behörden *wurden sehr viele* Beschwerden *vorgebracht*. (6)
2. Schwerhörigkeit, *die durch Lärm am Arbeitsplatz hervorgerufen wird*, ist die *häufigste* Berufskrankheit. (9 f)
3. Das Problem des Umweltschutzes *erregt* immer mehr Interesse. (14)
4. *Mach* den Fernseher nicht so laut! (24)
5. Der Kampf gegen den Verkehr *hat damit zu tun*, daß man nach Feierabend seine Ruhe haben will. (27)

D. Ergänzen Sie die fehlenden Wörter und Endungen.
1. Der angekündigte Testflug fand aus ..... Gründen nicht statt.
2. Jeder zweite Deutsche ..... sich durch den Lärm seiner Umgebung .....
3. Durch das Rasenmähen ..... der Gartenbesitzer beim Nachbarn erheblich ... Belästigungen .....
4. Wer aus einem hell ... in einen dämmrig ... Raum tritt, muß erst sein Auge ..... die geringere Helligkeit .....
5. Der Bürger ..... sich gegen den Bau neu ... Flughäfen.
6. Viele Bürger machen ..... einem verlängert ... Wochenende mit dem Auto einen Ausflug.

Freizeitgestaltung

Text 1

Mehr Freizeit — mehr Langeweile?

Die Not ist groß. Die Menschen langweilen sich zu Tode. Die in den Industrieländern zur Norm gewordene 40-Stunden-Woche sowie die üblichen drei Wochen Ferien und rund zehn Extra-Feiertage erlauben es dem Arbeitnehmer in der Regel nur noch, 1880 Stunden pro Jahr zu arbeiten — das sind im Tagesdurchschnitt ganze fünf Stunden und neun Minuten. Selbst wenn er ein Drittel des Daseins verschläft und im Mittel täglich zwei Stunden für Essen, Körperpflege und Arbeitsweg verbrauchen kann, bleiben ihm dennoch jedes Jahr 3230 Stunden übrig.
Diese Situation wird verschärft durch den Umstand, daß der normale westeuropäische Haushalt heute über eine technisch-elektrische Dienerschaft von mehreren Dutzend Sklaven verfügt. Diese Sklaven verrichten eine Menge Arbeiten, die früher Zeit absorbiert[1] haben: sie heizen, sie wärmen Wasser, saugen Staub, waschen Wäsche und Geschirr, besorgen per Draht alle wichtigen Botendienste, kutschieren ihre Herrschaft vielspännig[2] durch die Landschaft, sie wärmen oder kühlen Speisen, mahlen Kaffee, pressen Säfte, rösten Brot und tun manch anderes mehr. Deshalb sind selbst die Hausfrauen, wenn sie nicht einen zusätzlichen zweiten Beruf ausüben, in einer so beklagenswerten Lage wie ihre Ehemänner, wenn es für sie auch etwas leichter ist, die übriggebliebene Arbeit durch Umständlichkeit ein wenig zeitfüllender zu gestalten.
Die Not ist groß. Seit Generationen hat man uns gelehrt, daß der Sinn des Lebens in der Arbeit bestehe. Wie soll dann jetzt ein Mensch die Bürde von jährlich über 3000 sinnlosen Stunden der Nicht-Arbeit ertragen? Es heißt: Müßiggang ist aller Laster Anfang. Werden wir nicht in einem Sumpf von Lastern versinken, wenn wir die meiste Arbeit den Haushaltmaschinen überlassen? Wenn Leistung – besonders Leistung durch körperliche Arbeit – die Quelle des Selbstbewußtseins ist: wird da nicht jeder Mensch, der zwei, wenn nicht gar drei Tage in der Woche arbeitslos ist, alle Selbstachtung verlieren?
Zwar haben moderne Wissenschaft und Industrie, die ja auch unsere körperlichen Schmerzen zu lindern und zu betäuben vermögen, allerlei Mittel entwickelt gegen unsere Not: Das Auto, in dem man auch sonntags in langen Kolonnen mehrere Stunden loswerden kann; Massensportveranstaltungen, bei

denen der Zuschauer die schwitzende Leistung stellvertretend Arbeitender einfühlend miterlebt; illustrierte Zeitschriften, neben deren visuellen[4] Laster-
35 haftigkeiten der eigene Müßiggang beinahe tugendhaft erscheint; die Reklame, die dem Rauchen einer bestimmten Zigarette, dem wackligen Gebrauch einer superautomatischen Filmkamera und der Anschaffung eines elektrischen Vorhangöffners tieferen Sinn verleiht; das Fernsehen; und schließlich – was zwar älter ist als das Industriezeitalter, aber erst durch den Massenwohlstand legal
40 und illegal allgemein zugänglich wurde – Spirituosen aller Art und diverse Rauschgifte, die eine vorübergehende Flucht aus diesem Jammertal der Langeweile versprechen.

Doch all dies und vieles mehr, was an Angeboten den Markt überschwemmt, vertreibt nur ein paar hundert, höchstens ein- bis zweitausend von den leeren
45 Stunden. Es bietet nicht mehr als eine Linderung der Not. Wie hektisch[6] auch die „Freizeit-Aktivität" sein mag, das verdrängte Gefühl der Sinnlosigkeit schleicht sich alsbald durch die Hintertür des Unterbewußtseins wieder in die Seele zurück. Es vergiftet schließlich auch den Teil des Daseins, der Leistungsbefriedigung bieten sollte, die echte berufliche Arbeit, schaut als
50 Griesgram aus den Augen, zuckt als Nervosität in Bewegungen und bösen Bemerkungen und legt sich als geistiger „Smog" auf unsere Städte. Und manche, wenn nicht alle Propheten, bzw. Zukunftsforscher, rechnen mit zusätzlichen drastischen Kürzungen der durchschnittlichen Arbeitszeit in den nächsten zwei Jahrzehnten!

(aus: Lorenz Stucki, *Lob der schöpferischen Faulheit*)

Wörterverzeichnis

[1] absorbieren	(hier:) beanspruchen
[2] vielspännig	mit vielen Pferden
[3] e Bürde, o.pl.	Last
[4] visuell	sichtbar, bildlich dargestellt
[5] Spirituosen (pl.)	alkoholische Getränke
[6] hektisch	fieberhaft, gehetzt
[7] r Smog, -s, o.pl.	Mischung aus Rauch und Nebel

A. Fragen zum Textverständnis

1. Wodurch wird heutzutage das Problem der Langeweile hervorgerufen?
2. Inwiefern wird es in der Industriegesellschaft noch verstärkt?
3. Welche psychische Auswirkung kann das Nichtstun haben?
4. Welche Freizeitangebote nennt unser Text?

5. Warum vermögen auch sie das psychische Problem nicht zu lösen?
6. In welchem Ton hat der Autor diesen Beitrag geschrieben?

B. Weiterführende Fragen

1. Nennen Sie einige Beispiele, die zeigen, wie zu viel Freizeit auch negative Folgen haben kann.
2. Welche Argumente lassen sich gegen die Thesen des Verfassers anführen?
3. Welche Forderungen müssen erfüllt werden, damit auch eine weitere Zunahme der Freizeit den Menschen Gewinn bringt?

C. Drücken Sie den Inhalt der folgenden Sätze mit Worten aus dem Text aus.

1. Ich brauche *normalerweise* acht Stunden Schlaf täglich. (5)
2. Die Maschinen *erledigen* heute *viele* Arbeiten, die wir früher per Hand machen mußten. (11)
3. Wenn er so weitermacht, wird er *noch ganz abrutschen*. (23)
4. Die Reklame gibt dem Rauchen *eine besondere Bedeutung*. (38)
5. Das neue Waschmittel *wird in jedem Geschäft angeboten*. (43)

D. Setzen Sie die eingeklammerten Verben in die passende Form, und achten Sie hierbei besonders auf den Tempusgebrauch.

1. Im Jahre 1975 (einführen) in der Bundesrepublik auch für den öffentlichen Dienst die 40-Stunden-Woche.
2. Und im Jahr 2000: wie (aussehen) da die Welt?
3. Bei unserem Ausflug gestern (wollen) wir im Ammersee schwimmen gehen. aber das (klappen) dann nicht; denn (zu Hause lassen) unsere Badesachen.
4. Der Kuchen ist aber gut: (backen) Sie den selbst? – Nein, ich (bringen lassen) ihn mir.
5. (Kommen) Sie gestern früh nach Hause? – O nein, ich (arbeiten müssen) noch ziemlich lange im Büro.

Text 2

Sie wollen unabhängig sein

Wer wüßte es nicht: Freizeitvergnügungen sind teuer, für Jugendliche mit schmalem Geldbeutel oft kaum erschwinglich[1]. Nicht jeder hat Lust, sich einer Jugendorganisation – wie zum Beispiel den Pfadfindern – anzuschließen, wo

Am Eingang ist stets das tägliche Programm angeschlagen

man „organisiert" und preiswert seine freie Zeit verbringen kann. Was passiert
5 mit den Jugendlichen, die sich weder teure Diskothekbesuche leisten können noch sich festen Gruppen oder Organisationen anschließen möchten?
Wir sehen sie überall: sie stehen an Busbahnhöfen, an Straßenecken, in Parks. Sonst haben sie kaum eine Möglichkeit, sich ungehindert zu treffen und zu machen, wozu sie gerade Lust haben. Vielen guten Bürgern sind diese „herum-
10 gammelnden"[2] Jugendlichen ein Dorn im Auge[3]. Aber wer kommt schon auf die Idee, ihnen zu helfen?! Unorganisierte Jugendliche haben keine Lobby[4], keinen finanzkräftigen Verein hinter sich. Aber sie brauchen einen Ort, ein Haus, wo sie sich ungestört treffen, miteinander reden und Spaß haben können. Sie haben das Recht dazu, daß ihre Interessen berücksichtigt werden, und sie

pochen auf dieses Recht[5]. Ihre Forderung: Wir brauchen ein Jugendzentrum
mit Selbstverwaltung!
So ist es auch in Bensberg, einer kleinen Stadt im Rheinland. Ende 1972 stellten
hier Jugendliche offiziell fest: „Unsere Freizeitsituation ist miserabel!" Angeregt
durch das, was zur selben Zeit in vielen anderen Orten geschah, fanden sich
diese Jungen und Mädchen in einer „Jugendinitiative"[6] zusammen. Ziel dieser
Initiative sollte es sein, die Stadtverwaltung mit Nachdruck auf die Bedürfnisse
der unorganisierten Bensberger Jugend hinzuweisen und, wenn nötig, ein wenig
Dampf dahinter zu machen.
Eine alte, leerstehende Villa wurde gefunden, die der Stadt gehörte und für ein
Jugendzentrum geeignet war. In langen Diskussionen erarbeiteten die Jugendlichen zusammen mit den beiden von der Stadt inzwischen eingestellten Sozialarbeitern ein Selbstverwaltungsmodell. Die Besucher des Jugendzentrums be-

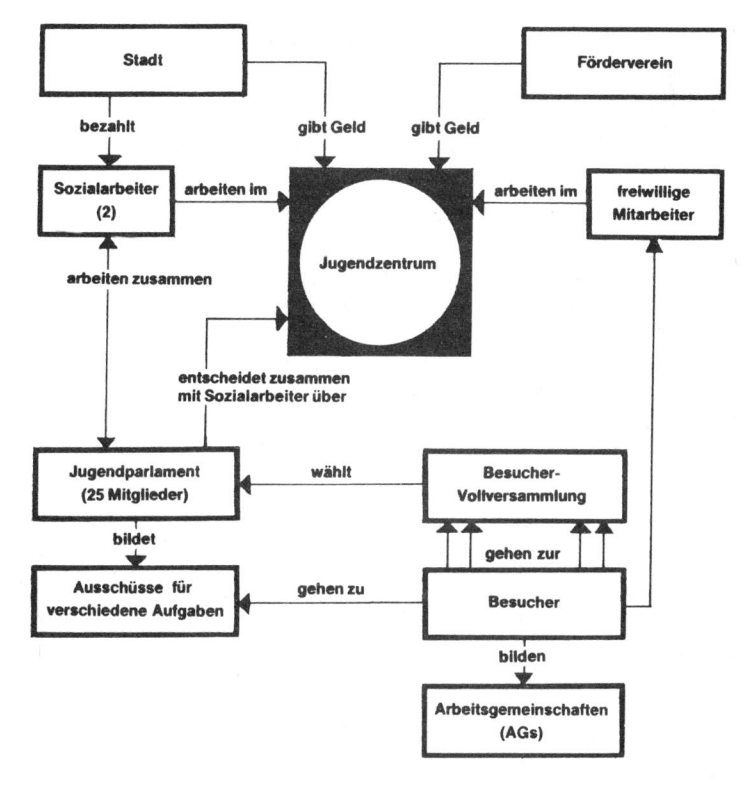

Selbstverwaltungsmodell Jugendzentrum Bensberg

stehen übrigens zur Zeit zu etwa gleichen Teilen aus Schülern und aus Lehrlingen oder Jungarbeitern. Für sie sind wohl die Arbeitsgemeinschaften (AGs) am
30 interessantesten. In den AGs treffen sich Jugendliche, die gleiche Interessen haben, zu gemeinsamem Tun.

Allerdings geht das Leben in diesem Jugendzentrum nicht ohne Probleme vor sich. So befürchten die Jugendlichen zum Beispiel, daß die politischen Parteien das Jugendparlament, das entscheidende Selbstverwaltungsgremium[7], beherr-
35 schen könnten.

Ein anderes Problem: Viele Jugendliche, die sonst gern zum Jugendzentrum kommen, drücken sich, wenn es um unangenehme Arbeiten wie Reparieren, Aufräumen, Putzen geht. Die Organisation klappt hier noch nicht so ganz, und es fehlt teilweise an Selbstdisziplin. Doch vertrauen die jungen Leute darauf,
40 daß sich diese Schwierigkeiten mit jugendlichem Schwung und Idealismus überwinden lassen.

(aus: *Scala-Jugendmagazin,* September 1974)

Wörterverzeichnis

[1] kaum erschwinglich — kaum zu bezahlen; zu teuer
[2] gammeln — ohne bestimmtes Ziel dahinleben
[3] das ist mir ein Dorn im Auge — das ärgert mich
[4] e Lobby, -s od. Lobbies — Interessentengruppe, die Einfluß auf Regierung und Parlament ausüben will
[5] sie pochen auf ihr Recht — sie bestehen auf ihrem Recht; sie fordern nachdrücklich ihr Recht
[6] e Initiative, -n — Entschlußkraft, eine Gruppe mit einem festen Plan
[7] Dampf dahinter machen — eine Angelegenheit beschleunigen
[8] s Gremium, -s, Gremien — Körperschaft; eine Gruppe mit einer bestimmten Verwaltungsaufgabe

A. Fragen zum Textverständnis

1. Warum ist es für viele junge Leute nicht so einfach, ihre Freizeit sinnvoll zu gestalten?
2. Welchen Weg haben die Bensberger Jugendlichen beschritten, um ihre Freizeitprobleme zu lösen?
3. Welche Struktur hat das Jugendzentrum?
4. Mit welchen Schwierigkeiten hat es zu kämpfen?
5. Welche Arbeitsgemeinschaften könnte es im Jugendzentrum geben?

B. Weiterführende Fragen

1. Welche anderen Wege gemeinsamer Freizeitgestaltung für Jugendliche sind noch denkbar?
2. Wie verbringen Sie Ihre freie Zeit am liebsten?
3. Wägen Sie die Vor- und Nachteile organisierter und unorganisierter Freizeitgestaltung gegeneinander ab.

C. Drücken Sie den Inhalt der folgenden Sätze mit Worten aus dem Text aus.

1. Kinderreiche Familien *können sich* Auslandsreisen *im allgemeinen nicht leisten.* (2)
2. Der wirtschaftliche Erfolg seines Nachbarn war *für* Herrn Neidig schon immer *ein Ärgernis.* (10)
3. Wenn der Mieter nicht *auf seinem Recht bestanden* hätte, dann wäre er von dem Hausherrn auf die Straße gesetzt worden. (15)
4. Der Sprecher der Opposition *machte* die Regierung mit Nachdruck auf die Bedürfnisse der Rentner *aufmerksam.* (22)
5. Wenn wir nicht etwas *Druck ausüben,* werden wir nie etwas erreichen. (23)
6. Leider *funktioniert* die Organisation nicht so gut, wenn es ums Saubermachen geht. (38)

D. Ergänzen Sie, wo nötig, den Artikel und ggf. die Adjektivendung.

1. Wer hat ..... Lust, sich ..... Jugendorganisationen, wie z. B. ..... Pfadfindern anzuschließen?
2. Was machen ..... Jugendlich..., die sich weder ..... teur... Diskothekbesuche leisten können noch sich ..... fest... Gruppen anschließen möchten?
3. ..... viel... gut... Bürgern sind ..... herumgammelnd... Jugendlich... ..... Dorn im Auge.
4. Heute gibt es kaum ..... Stadt, wo nicht ..... Gruppen von ..... unorganisiert... Jugendlich... damit beschäftigt sind, ... Stadtvätern ..... selbstverwaltet... Jugendzentrum abzuringen.
5. ..... Besucher ..... Jugendzentrums von ..... Bensberg setzen sich zu ..... gleichen Teilen aus ..... Lehrlingen und ..... Schülern zusammen.
6. Manche Besucher ..... Jugendheims sehen nicht ein, daß sie bei ..... unangenehm... Arbeiten, wie ..... Putzen und ..... Aufräumen, mithelfen müssen.

Text 3

Eine Hand wäscht die andere

(ein Interview des Bremer Jugendfunks, gesendet im April 1960)

Leiter der „Club-Union": Die Club-Union ist ein Zusammenschluß von mehreren Jugendklubs, die sich bei gemeinsamen Veranstaltungen treffen. Wir haben genauso unsere Klubabende wie die anderen; der einzige Unterschied ist der: Wir lassen uns von Firmen unterstützen. Und wir sehen da keine Hemmungen und Hindernisse, warum denn auch?

Reporter: Ja, aber diese Firmen werden das nicht selbstlos tun, sie werden einen bestimmten Zweck verfolgen.

Leiter: Natürlich, das alles beruht auf Gegenseitigkeit. Man sagt: „Eine Hand wäscht die andere". Es ist so: Wir machen für die Firmen eben ein bißchen Reklame. Und als Gegenleistung geben sie uns für unsere Zeitschrift Inserate[1] und eventuell[2] kleine Geldbeträge.

Reporter: Vielleicht können Sie etwas näher ausführen, welche Art von Reklame Sie da machen.

Leiter: Nun ja, an Teenagern und Twens[3] sind viele Firmen interessiert. Die Getränkeindustrie z. B. ist außerordentlich darauf bedacht, daß wir Teenager das betreffende Getränk konsumieren[4].

Reporter: Machen Sie Reklame in Form von Flüsterpropaganda[5], tragen Sie Zettel aus, oder wie ist das?

Leiter: Nun, Flüsterpropaganda ist noch das gegebenste.

Reporter: Oder stellen Sie bestimmte Veranstaltungen des Klubs einfach unter das Patronat[6] einer Getränkefirma?

Leiter: Auch diese Art von Werbung haben wir schon durchgeführt, und ich möchte sagen, daß wir nicht schlecht dabei gefahren[7] sind. Die betreffende Getränkefirma hat uns Reklame für die Veranstaltung gemacht in der Form, daß sie uns Plakate, Handzettel und so weiter gedruckt hat. Sie hat auch an ihren Firmenwagen Plakate angeschlagen und uns Preise in Form von Gratisflaschen[8] zur Verfügung gestellt. Ich frage: Was haben wir für einen Vorteil, wenn wir das Getränk nicht trinken? Es ist uns gleich, was wir trinken, und warum soll man das nicht in die Richtung lenken, von der man am meisten erhofft, erwartet und bekommt?

Reporter: Ja, ich meine, es handelt sich hier doch mehr um eine Absatzorganisation[9] als um eine Jugendorganisation.

Jugendfreizeitheim

Leiter: Nun, der Absatz ist reine Nebensache. Das Hauptziel eines Jugendklubs ist es doch, die Freizeit sinnvoll zu gestalten, und wenn wir ab und zu mal eine Werbeveranstaltung mit einer Firma machen und uns von einer Firma unterstützen lassen, so ist das doch ganz minimal im Verhältnis zum gesamten Klubleben.

Reporter: Aber diese Gegenleistungen, wie Sie sie nannten, finde ich etwas dürftig dafür, daß Sie sich mehr oder weniger verkaufen müssen, um eine Sache zu unterstützen, die nicht gerade sehr unterstützenswert ist.

Leiter: Nun, es kommt darauf an, daß sich die Jugendlichen in sauberer und wirklich netter Atmosphäre treffen, statt sich anderweitig in Lokalen herumzutreiben. Da finde ich doch eine solche Veranstaltung viel wünschenswerter.

Wörterverzeichnis

[1] s Inserat, -s, -e — Anzeige (in einer Zeitung); Annonce
[2] eventuell — vielleicht; unter Umständen
[3] r Twen, -s, -s — junger Mann (auch Mädchen) in den Zwanzigern
[4] konsumieren — verbrauchen (meist im Sinn von essen oder trinken)
[5] e Flüsterpropaganda, o.pl. — Reklame durch persönliche Empfehlung
[6] s Patronat, -s, -e — Schirmherrschaft; finanzielle Förderung, bei welcher der Gönner öffentlich genannt wird
[7] ich bin nicht schlecht dabei gefahren — das war ganz vorteilhaft für mich
[8] gratis — kostenlos; umsonst
[9] r Absatz, -es, o.pl. — Verkauf von Waren

A. Fragen zum Textverständnis

1. Worin unterscheidet sich die Club-Union vom Jugendzentrum?
2. In welcher Form betreibt die Club-Union Reklame?
3. Welche Vorteile bringt diese Reklame einer Clubveranstaltung?
4. Welche Einstellung hat der Reporter zu den Beziehungen der Club-Union zur Industrie?
5. Wie verteidigt der Clubleiter das Verhalten seiner Organisation?

B. Weiterführende Fragen

1. Welche der beiden Freizeitinstitutionen (Jugendzentrum und Club-Union) sagt Ihnen mehr zu? Geben Sie Gründe an!
2. Welche Formen der Freizeitgestaltung sind bei den Jugendlichen Ihres Landes üblich?
3. Untersuchen Sie einige bedeutsame Möglichkeiten der Manipulation, denen sich junge Menschen ausgesetzt sehen können.

C. Drücken Sie den Inhalt der folgenden Sätze mit Worten aus dem Text aus.

1. Dieser Politiker *hat* ein ganz bestimmtes *Ziel im Auge*. (7)
2. Maria und Luise können sich nicht leiden. Ihre Abneigung *ist beiderseitig*. (8)
3. Die Firmen *widmen ihre Aufmerksamkeit* den Jugendlichen. (14)
4. Die Firmen sind *daran interessiert,* daß wir Jugendlichen ihre Waren *verbrauchen.* (15 f)

5. Gerhard ist schon vor zehn Jahren der Volkspartei beigetreten: *das hat sich für ihn bezahlt gemacht.* (23)
6. Dieser Club *stellt* doch eher ein *Geschäftsunternehmen dar* als eine Jugendgruppe. (31 f)

D. Wandeln Sie die folgenden Sätze um, indem Sie eines der folgenden Verben reflexiv verwenden: herumtreiben, interessieren, lassen, stellen, treffen, verkaufen.

Beispiel: Er empfindet Langeweile (langweilen).
Lösung: Er langweilt sich.

1. Die Jugendlichen kommen bei gemeinsamen Veranstaltungen zusammen.
2. Wir vereinbaren mit Firmen, daß sie uns unterstützen.
3. Viele Firmen sind an jüngeren Mitarbeitern interessiert.
4. Ihr verkauft eure Interessen, wenn ihr für andere Reklame macht.
5. Du solltest nicht in zweifelhaften Lokalen herumgammeln.
6. Warum stehen Sie für diese Reklame zur Verfügung?

Text 4

Kampf der Langeweile

Unsere freie Zeit, was unsere Freizeit ist, die Zeit also, in der wir lesen, sonst was tun, nicht arbeiten, ist in diesem Jahr bereits zum zweitenmal für kongreßwürdig befunden worden. Nachdem sich im Juni der Internationale Gemeindetag mit ihr befaßte, ging Anfang September in Krefeld die 2. Europäische Biennale[1] für Freizeit zu Ende.
Als wichtiges Ergebnis der Beratungen erwies sich die Erkenntnis: Freizeit ist letztlich ein Bildungsproblem, alles mündet zwangsläufig in die Frage: Inwieweit sind die Menschen dazu erzogen worden, ihre Freizeit sinnvoll zu gebrauchen? Für Intellektuelle[2] ist die Freizeit kein Problem, und subjektiv würde wohl auch ein Arbeiter sie nicht als ein solches empfinden. Aber er hat sicherlich weniger Möglichkeiten, abseits der ausgetretenen Pfade[3] seiner festen Freizeitgewohnheiten neue Tätigkeiten auszuprobieren, neue Kontakte herzustellen. Dies aber wäre nötig, wenn die freie Zeit etwas mehr sein sollte als bloße Erholung, als reines Sich-wieder-Fitmachen für den Arbeitsprozeß und wenn der Mensch nicht schutzlos dem Angebot einer immer mächtiger werdenden Freizeitindustrie ausgeliefert sein sollte.

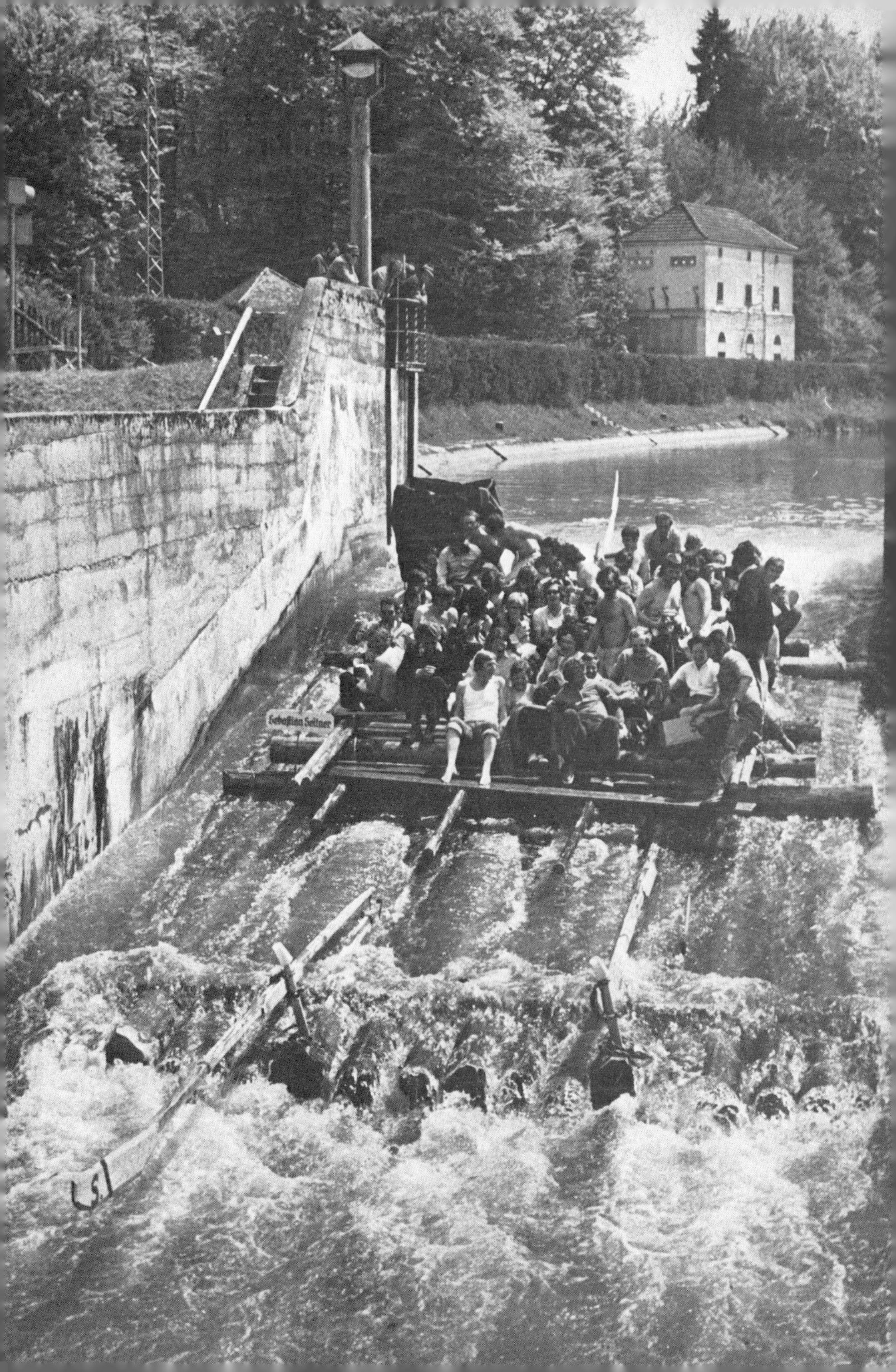
Sebastian Seitner

Nur: die modernste Freizeitanlage, der schönste Erholungspark – und immerhin gibt es in der Bundesrepublik schon einiges, was auch kritischen Pädagogenblicken standhält – sind nichts wert, wenn nicht gleichzeitig jemand da ist, der Hilfen gibt, diese Anlagen zu nutzen, der neue Spiel- und Kommunikationsmöglichkeiten[4] vorschlägt und der auch für ein persönliches Gespräch da ist.
Die Schweden haben dies wohl als erste begriffen. Dort gibt es bereits über 300 Freizeitämter mit 1200 Freizeitbeamten, das heißt, auf 6600 Schweden kommt ein Freizeitbeamter. In der Bundesrepublik dagegen heißt es für Freizeitberater noch immer: Berufsbild[5] gesucht, und die wenigen schon existierenden Ausbildungsmöglichkeiten müssen derzeit um staatliche Anerkennung kämpfen.
„Jeder Mensch hat das Recht, seine Freizeit in Freiheit zu leben", heißt es in dem Schlußkommuniqué[6] der Konferenz. „Organisation, Verplanung und Lenkung der Freizeit sind abzulehnen." Dies ist gleichzeitig eine Absage an jegliche Ideologisierung[7] des Freizeitbereichs. Aber die wirksamsten Waffen, um der drohenden Vermarktung[8] der Freizeit zu begegnen, sind nun einmal: Entscheidungsfreiheit und Wahlmöglichkeit.
Aber wählen kann nur, wer zu wählen gelernt hat. Mit anderen Worten: Für den Gebrauch der Freizeit in Freiheit müssen wir erst noch erzogen werden.
(von: Barbara Jhering. – aus: *Die Zeit* vom 21. 9. 1973)

Wörterverzeichnis

[1]	e Biennale, -n	alle zwei Jahre stattfindende Veranstaltung
[2]	r Intellektuelle, -n, -n	der geistig Geschulte
[3]	r Pfad, -es, -e	schmaler Weg
[4]	e Kommunikation, -en	wechselseitiger Kontakt durch Sprache oder gemeinsames Tun
[5]	s Berufsbild, -es, -er	Gesamtheit der für eine Berufsart nötigen Kenntnisse und Fähigkeiten
[6]	s Kommuniqué, -s, -s	gemeinsame offizielle Mitteilung von Konferenzteilnehmern
[7]	e Ideologisierung, -en	Durchdringung mit einer einseitigen (politischen, religiösen) Weltanschauung
[8]	e Vermarktung, o.pl.	Beherrschung durch die Wirtschaft

◁ Floßfahrt auf der Isar (bei München)

A. Fragen zum Textverständnis

1. Was bedeutet der Begriff „Freizeit"?
2. Inwiefern ist die Freizeit für „kongreßwürdig" befunden worden?
3. Welche Beziehung besteht zwischen Freizeit und Bildung?
4. Warum weiß ein Gebildeter im allgemeinen mehr mit seiner Freizeit anzufangen als ein Arbeiter?
5. Welche Gefahren drohen dem Ungebildeten bei seiner Freizeitgestaltung?
6. Wie kann ihm geholfen werden?
7. Welches Problem bei der Nutzung von Freizeitanlagen gibt es in Deutschland?
8. „Freizeit in Freiheit" – was bedeutet das, und welche Voraussetzungen sind dafür nötig?

B. Weiterführende Fragen

1. Warum stellt sich das Thema der Freizeitgestaltung heute anders als in früheren Zeiten?
2. Kann man auch ohne „Freizeitberater" seine freie Zeit sinnvoll ausfüllen?
3. Was gehört zur „Freizeitindustrie", und wie ist sie zu beurteilen?

C. Verwandeln Sie einen der beiden Hauptsätze der folgenden Satzpaare anhand des Textes in einen Nebensatz.

1. Zuerst befaßte sich im Juni der Internationale Gemeindetag mit der Freizeit; dann ging Anfang September in Krefeld die 2. Europäische Biennale für Freizeit zu Ende.
2. Die freie Zeit soll mehr sein als bloße Erholung; Voraussetzung dafür ist die Erprobung neuer Tätigkeiten.
3. In Deutschland gibt es schon einiges an modernen Freizeitanlagen; es hält auch kritischen Pädagogenblicken stand.
4. Man muß der drohenden Vermarktung der Freizeit begegnen; Entscheidungsfreiheit und Wahlfreiheit sind die wirksamsten Waffen dafür.
5. Es ist jemand da; er gibt Hilfen.

D. Bilden Sie wenn-Sätze im Irrealis.

Beispiel: Wenn er sich Mühe (geben), (lernen) etwas.
Lösung: Wenn er sich Mühe gäbe, würde er etwas lernen.

1. Selbst wenn man ihn danach (fragen), (empfinden) ein Arbeiter die Freizeit nicht als Problem.

2. Neue Tätigkeiten auszuprobieren (nötig sein), wenn die freie Zeit mehr (sein sollen) als bloße Erholung.
3. Wenn wir in Deutschland so viele Freizeitberater (haben) wie in Schweden, (können) unsere Freizeitanlagen besser genutzt werden.
4. Wenn wir alle schon früher zu wählen (lernen), (müssen) wir nicht erst noch für den Gebrauch der Freiheit erzogen werden.
5. Wenn sich in jeder Stadt ein Jugendzentrum (befinden), (entzogen sein) die Jugendlichen dem Einfluß der Straße.
6. Wenn sich die Pädagogen schon früher um die Freizeitgestaltung (kümmern), (vermeiden) viele der heutigen Schwierigkeiten.

Quellenverzeichnis

Texte

Der Abdruck zahlreicher Texte erfolgte mit freudlicher Genehmigung von *scala Jugendmagazin*, Frankfurt/Main (13, 15, 22, 32, 81, 147)
aus: *Frankfurter Allgemeine Zeitung*, Frankfurt/Main (25, 46, 72, 88, 132)
aus: *DIE ZEIT* — Zeitverlag Gerd Bucerius KG, Hamburg (83, 97, 155)
Begabt sein heißt lernen können, aus: Hans Schiefele, *Schule und Begabung*, R. Oldenbourg Verlag, München 1971 (7)
Sehr geehrte Eltern der Klasse 7c!, von: Bernhard Katsch, *Betrifft Pädagogik*, aus: Erziehung und Wissenschaft 2/1976, Gewerkschaft Erziehung und Wissenschaft im DGB, Frankfurt/Main (10)
aus: Stucki, *Lob der schöpferischen Faulheit*, Scherz Verlag, Bern und München 1973 (18, 61, 65, 91, 120, 145)
aus: Wolfgang Schmidbauer, *Ich in der Gruppe*, Otto Maier Verlag, Ravensburg 1975 (28, 30, 78)
Die Frau — das „andere Wesen"?, aus: Albert Wellek, *Psychologie*, A. Francke Verlag, München 1971 (37)
Plädoyer gegen die Ehe, mit freundlicher Genehmigung von Alice Schwarzer, Köln (39)
Das Mädchen kannst du doch nicht heiraten und *Rollenumkehrung*, aus: Jochen Wolff, *Männlich, weiblich oder menschlich?*, Moritz Diesterweg Verlag, Frankfurt/Main 1975 (41, 50)
Auswirkungen von Mütterarbeit auf die Kinder, aus: Jutta Menschik, *Gleichberechtigung oder Emanzipation?*, Fischer Taschenbuch Verlag, Frankfurt/Main 1971 (44)
Das neue Ideal von Männlichkeit, aus: Peter Schneider, *Die Sache mit der „Männlichkeit"*, Kursbuch 35, Kursbuch Verlag, Berlin, April 1974 (52)
Was ist der Mann?, aus Esther Vilar, *Der dressierte Mann*, Bertelsmann Verlag, Gütersloh (54)
Nach einer Biografie befragt, mit freundlicher Genehmigung von Gert Heidenreich, Wessling (58)
Ruhesitz mit Komfort, aus: Deutsches Allgemeines Sonntagsblatt vom 25. 4. 1976 und *Mit Beffchen* von Horst Albrecht, aus: Deutsches Allgemeines Sonntagsblatt vom 18. 7. 1976 (63, 113)
Junge Männer helfen alten Menschen, dpa-Nachricht, Deutsche Presse Agentur, Frankfurt/Main, aus: Fränkischer Tag vom 6. 6. 1976 und *Ausweg im Alkohol*, dpa-Nachricht, aus: Fränkischer Tag vom 14. 8. 1976 (69, 125)
Tödliche Folgen einer Überdosis Heroin, aus: Fränkischer Tag vom 20. 7. 1976, Fränkischer Tag Zeitungsverlag, Bamberg (123)
Was ist Kommunikation?, aus: Rüdiger Gollnick, *Grundlagen mündlicher und schriftlicher Kommunikation*, Pädagogischer Verlag Schwann GmbH, Düsseldorf 1975 (75)
Filmsprache, aus: Hans Blumenberg, *Film positiv* (101)
Die Verführung der Kunden, von R. Weschinsky, aus: Welt am Sonntag vom 9. 8. 1970, Springer Verlag, Hamburg (105)
Werbung = Geldverschwendung, aus: Franz Burda, *Wozu überhaupt Werbung?* (116)
Die heimlichen Verführer, aus: Kontinente, Heft August 1976, Redaktion Kontinente, Essen (128)
Die schmutzige Stadt, von Eberhard Nitschke, aus: *Umwelt aus Beton*, rororo A 1497, Feuilletondienst im Rowohlt Verlag, Reinbek bei Hamburg (134)
Das geplante Verkehrschaos, von: Max Bächer, aus: *Umwelt aus Beton*, rororo A 1497, Feuilletondienst im Rowohlt Verlag, Reinbek bei Hamburg (137)
Macht Lärm krank?, aus: Bild der Wissenschaft, März 1976, Deutsche Verlags-Anstalt, Stuttgart (140)
Eine Hand wäscht die andere, von: E. Ramseicr, aus: *Sind Sie auch ...?* Gewerbeschüler Leseheft 47/4, Verlag Sauerländer AG, Aarau/Schweiz (152)

Fotos

Bundesministerium des Inneren, Bonn (141); Centrale Marketinggesellschaft der deutschen Agrarwirtschaft m.b.H., Bonn-Bad Godesberg (111); Henning Christoph, Essen (129); Deutsche Presse Agentur GmbH, Frankfurt/Main (75, 88); Gewerkschaft Erziehung und Wissenschaft im DGB, Frankfurt/Main (11); Brigitte Hartmann-Beutel, Bergisch-Gladbach (33); Barbara Klemm, Frankfurt/Main (7, 47); Klöckner-Humboldt-Deutz AG, Köln (55); Wolfgang P. Pfetzing, Kassel (42); Klaus Rose, Dortmund-Eichlinghofen (135); scala-Jugendmagazin, Frankfurt/Main (148); Süddeutscher Verlag — Bilderdienst, München (23, 70, 83, 95, 105, 153, 156); Ullstein GmbH — Bilderdienst, Berlin (120); Visum-Fotoagentur Rudi Meisel, Essen (50).